Dur, dur

Du même auteur
chez le même éditeur

N•P
Lézard
Dur, dur

en collection de poche

N•P (n° 274)
Lézard (n° 354)

Banana Yoshimoto

Dur, dur

Deux contes traduits du japonais
par Dominique Palmé et Kyôko Satô

Rivages

Illustration de couverture :
© Yoshitomo Nara

Titre original : *Hard-Boiled / Hard-Luck*
Rockin'on inc., Tôkyô, 1999

106, boulevard Saint-Germain – 75006 Paris

ISBN : 2-7436-1114-6
ISSN : 1160-0977

L'auteur et ses traductrices
dédient ce livre à la mémoire de
Françoise Pasquier.

PEAU DURE

1
Le petit sanctuaire

Partie seule pour quelques jours, sans but précis, je marchais cet après-midi-là sur un chemin de montagne, parallèle à la route nationale. C'était un sentier agréable, enfoui dans la verdure.

Je venais de m'y engager, le regard attiré par la beauté des jeux d'ombre et de lumière.

J'étais encore tout à fait insouciante, comme avant une simple promenade.

Ce sentier, fléché comme itinéraire de randonnée, devait bientôt, d'après la carte, rejoindre la route nationale.

Il faisait une douceur printanière, et je marchais d'un pas léger dans la lumière de l'après-midi.

Mais le chemin, de côte en côte, devenait plus escarpé que je ne l'avais pensé.

J'avançais avec peine tandis que le soir tombait

peu à peu. Dans le ciel indigo, l'étoile du Berger étincelait déjà d'une lueur aussi nette que celle d'un diamant. Au couchant, une touche de rose pâle s'attardait encore à l'horizon. Les nuages de fin d'automne, s'effilochant en teintes douces, étaient sur le point de sombrer dans l'obscurité. La lune venait de se lever. Elle était mince, aussi mince qu'un ongle.

« À ce rythme-là, je ne suis pas encore arrivée à la ville », ai-je dit tout haut. Après une aussi longue marche en silence, j'avais presque oublié le son de ma voix. Mes genoux étaient engourdis, et je commençais à avoir mal aux doigts de pied.

« Heureusement que j'ai réservé une chambre à l'hôtel. Dans une pension de famille, j'aurais raté l'heure du dîner. »

J'ai voulu téléphoner pour prévenir l'hôtel, mais au fin fond de ces montagnes mon portable ne marchait pas. J'avais faim. En principe, je devais bientôt atteindre la petite ville où j'avais retenu une chambre. « Une fois là-bas, je mangerais bien quelque chose de chaud », me suis-je dit, et j'ai légèrement hâté le pas.

Comme je m'engageais dans un tournant encaissé et mal éclairé, une affreuse sensation de malaise m'a saisie : l'espace se déformait comme du caoutchouc mou et j'avais beau essayer d'avancer, mes pieds ne faisaient que s'y engluer.

Je ne possède aucun pouvoir surnaturel et pourtant, à une certaine époque, j'ai commencé à percevoir des choses invisibles.

Je suis une femme, mais une fois dans ma vie j'ai eu une relation avec une autre femme. Elle avait le don de voir ce que d'habitude on ne voit pas. En vivant avec elle – est-ce très naturellement ou parce qu'elle m'avait entraînée ? –, j'en étais venue peu à peu à sentir autour de moi comme de vagues présences.

Cela faisait quelques années que nous avions rompu, au cours d'une promenade en voiture, sur un chemin de montagne comme celui-ci. Ce jour-là, c'était moi qui conduisais. « Si on ne peut plus vivre ensemble, je préfère continuer le voyage seule, alors laisse-moi descendre ici », m'a-t-elle suppliée. Elle était d'un sérieux incroyable. « Maintenant, je comprends pourquoi tu as pris autant de bagages », ai-je répondu : elle avait donc décidé, avant même de partir, qu'elle ne rentrerait pas avec moi. Elle percevait mon départ de son appartement comme une trahison bien plus grave que ce que j'imaginais. J'ai eu beau essayer de la raisonner, sa résolution était inébranlable. À tel point que si je ne l'avais pas laissée descendre là, elle aurait été capable de me tuer.

Elle m'a dit : « Je ne supporterai pas de te voir partir. Rentre avant moi, je ne suis pas pressée. Et arrange-toi pour que toutes tes affaires soient débarrassées quand je reviendrai. »

Je lui ai obéi. Bien obligée, et pourtant la voiture était à elle.

Son visage, je le revois encore… ce visage qu'elle avait au moment où nous nous quittions. Et son regard triste, ses cheveux qui effleuraient ses joues. La couleur beige de son manteau s'est reflétée longtemps dans le rétroviseur. Sa silhouette semblait sur le point de s'engloutir dans le vert de la montagne. Elle continuait encore et encore à agiter la main. Comme si elle allait m'attendre là pour toujours.

Une chose tout à fait anodine pour certains peut être, pour d'autres, aussi cruelle que la mort. Je ne connaissais pas tous les détails de sa vie. Mais je n'arrivais pas à comprendre pourquoi il lui était si pénible de voir quelqu'un faire ses valises et quitter son appartement. Peut-être qu'on n'avait pas la même sensibilité. Une chose était sûre : j'avais profité d'elle parce que j'étais sans logement à l'époque. À vrai dire, je n'avais pas l'intention de partager longtemps ma vie avec une femme. Il se trouve qu'elle était amoureuse de moi, et j'avais donc accepté de coucher avec elle, sans plus. Mais je m'apercevais qu'elle ressentait les choses autrement. Je le savais dans le fond, mais je faisais semblant de ne pas m'en rendre compte. Après coup, je m'en suis terriblement voulu. Cette histoire était restée en suspens à l'intérieur de moi, comme un souvenir dont on ne sait pas très bien que faire.

À présent ce souvenir, se cristallisant en un bloc d'images, m'attristait profondément.

« Allez, marche, encore un petit effort ! » me suis-je dit, essayant de me reprendre. C'est alors que je l'ai vu : devant moi se dressait un mystérieux petit sanctuaire. Sans la moindre statuette de Jizô * ni aucune autre statue d'ailleurs ; et s'il était orné d'offrandes – fleurs, saké et grues en papier plié ** –, celles-ci ne dataient pas d'hier. J'ai été incapable de chasser l'idée qui me passait par la tête.

« Un esprit maléfique rôdait autrefois dans ce coin, et c'est sûr qu'il est encore là. »

* Sans doute la divinité la plus populaire du Japon. C'est le dieu protecteur des enfants – notamment des enfants morts –, des femmes enceintes et des voyageurs. Il est souvent représenté sous les traits d'un moine tenant un bâton dans la main droite et un joyau dans la main gauche. *(N.d.T.)*

** Les Japonais croient que les grues vivent des milliers d'années. À ce titre, cet oiseau est, avec la tortue et le pin, l'un des symboles de la longévité, et même de l'immortalité. *(N.d.T.)*

Pourquoi cette pensée ? J'aurais du mal à l'expliquer. Après tout, peut-être qu'autrefois il y avait bien eu à cet endroit un Jizô. Un Jizô qu'on avait détruit ou volé par la suite, tout simplement… J'ai essayé de m'en persuader. Mais ce n'était pas ça. J'avais beau faire, je sentais flotter tout autour comme des couches de rancœur terriblement lourdes, agglutinées en masse épaisse. L'impression était tellement sinistre que mes yeux restaient rivés sur le sanctuaire.

À bien y regarder, une dizaine de cailloux noirs, semblables à de petits œufs, étaient disposés en cercle au centre de l'édifice. Et cela renforçait encore le sentiment de malaise.

Je me suis éloignée à grands pas, en m'efforçant de ne plus regarder de ce côté. Parfois, en voyage, j'avais déjà eu ce genre de sensation. En ce monde existent des lieux où stagnent des présences indéfinissables, et il vaut mieux que les petits individus que nous sommes ne viennent pas se mêler à elles.

Je me suis souvenue de grottes effrayantes que j'avais visitées à Bali et en Malaisie ; de certains endroits aussi, au Cambodge, à Saipan, saturés des ressentiments sombres et poignants laissés par la guerre. Comme je suivais mon père lors de ses déplacements professionnels, j'avais eu l'occasion dès mon enfance de passer par des lieux de cette nature. Voilà sans doute pourquoi mon intuition s'était beaucoup développée. Chaque fois que je me disais : « Quel endroit sinistre ! », je découvrais par la suite qu'il avait été le théâtre d'un événement ou d'un accident.

Mais ce sont les vivants qui me font le plus peur. Comparés à eux, les lieux, même les plus redoutables, ne sont que des lieux, les fantômes, même les plus effrayants, ne sont que des morts. J'ai toujours pensé que, pour inventer le pire, l'homme n'avait pas son égal.

Comme je dépassais le tournant, la sensation de malaise qui pesait sur mes épaules s'est dissipée, et le silence de la nuit m'a de nouveau entourée.

Car la nuit était tombée d'un coup comme un rideau, versant sur le paysage un air agréable et limpide. À chaque souffle de vent, des feuilles mortes aux teintes d'automne s'envolaient en dansant devant moi dans la pénombre, et je me sentais enveloppée dans une étoffe tissée de rêves splendides.

Du coup, oubliant complètement ma peur, j'ai continué d'avancer.

Bientôt le chemin, plus large, a commencé à descendre en pente douce. Le temps d'apercevoir entre les arbres une multitude de lueurs, et déjà je parvenais à la ville. Des petits commerces s'alignaient des deux côtés de la rue, un éclairage cru faisait ressortir les quais de la gare vide, les alentours étaient presque déserts, mais des lumières brillaient dans les maisons.

Hésitant à entrer dans une buvette – toutes étaient pleines d'ouvriers qui trinquaient joyeusement après leur travail –, j'ai choisi à la place un petit restaurant d'*udon* * qui ne payait pas de mine.

Le patron, sur le point de fermer boutique, a eu l'air bien embêté, ce qui ne l'a pas empêché de marmonner : « Entrez donc. » Épuisée par la marche, j'ai franchi le seuil, car je n'avais qu'une envie : m'asseoir.

C'était un restaurant minuscule, avec juste quatre tables posées sur le sol en béton. Sur chacune d'elles se trouvait un flacon vide de poudre de piment rouge qui semblait traîner là depuis au moins cent ans.

Le patron, après avoir égoutté les pâtes d'un geste machinal, a fourré le bol sous mon nez. La télévision diffusait une émission de variétés, ce qui accentuait encore l'atmosphère morne de

* Variété de nouilles blanches et épaisses préparées à partir de farine de froment. *(N.d.T.)*

l'endroit. Effarée par le goût infect des nouilles, j'ai demandé une bière, mais l'homme m'a répondu qu'il n'y en avait pas. Je me suis dit : « Si j'avais su, j'aurais dîné au restaurant de l'hôtel, même si c'est souvent tout aussi mauvais et plus cher. »

Le patron, montrant des signes d'impatience, attendait que j'aie terminé mon plat, mais les nouilles, à la fois fades, tiédasses et ramollies, n'étaient pas faciles à avaler. Pour me changer les idées, j'ai sorti de ma poche le plan de la ville, pensant vérifier où se trouvait exactement mon hôtel. Alors, avec un bruit sec, quelque chose est tombé par terre.

J'ai sursauté.

C'était un caillou noir, ovale, identique à ceux que j'avais vus là-bas, dans le sanctuaire lugubre.

« C'est incroyable, ça ne peut pas être ça, c'est certainement un hasard ! » Mais j'avais beau me raisonner, je n'arrivais pas à m'en persuader. Je me suis même demandé, sans conviction, si ce n'était pas moi qui, sous le coup de la panique, avais mis machinalement le caillou dans ma poche pour ensuite l'oublier. Dans ce cas, il y avait de quoi avoir peur de moi-même. Mais cette hypothèse m'a semblé un peu plus rassurante que l'autre.

J'ai contemplé le caillou pendant un bon moment, puis j'ai décidé de ne plus y penser, et de l'abandonner sur le sol de ce restaurant peu sympathique. « Surtout, ne t'avise pas de me suivre », lui ai-je lancé.

La partie rationnelle en moi me disait : « Une pierre n'entre pas toute seule dans une poche. Ça doit sûrement être un autre caillou qui est tombé par hasard dans la tienne au moment où tu pique-niquais à l'extérieur ce midi. » Mais j'ai renoncé à réfléchir plus longuement à tout cela.

J'avais envie d'arriver rapidement à l'hôtel et de m'installer dans ma chambre. Envie de regarder la télévision, de me laver les cheveux, de boire un thé, bref, de faire banalement des choses banales. Soudain, j'y ai pensé : d'après le prospectus, il y avait une source thermale à l'hôtel. J'allais me prélasser dans un bon bain chaud.

Le patron s'étant mis à balayer le restaurant, je me suis levée sans finir mes nouilles. Du coin de l'œil, j'ai vu que le balai faisait rouler le petit caillou tout au fond de la salle.

2
L'hôtel

La réception était déjà plongée dans l'obscurité, le tapis légèrement crasseux du hall sentait le moisi. Mais comme j'avais l'habitude de ce genre d'établissement, cela ne m'a pas dérangée. De toute façon, la joie d'être enfin arrivée était la plus forte.

J'ai dû sonner je ne sais combien de fois ; finalement, une femme d'environ cinquante-cinq ans est sortie de la pièce du fond. Une femme maigre, au regard perçant.

J'ai senti, à son air, qu'elle m'en voulait un peu d'arriver si tard. Mais quand je lui ai annoncé que je n'avais pas encore dîné, elle s'est aussitôt radoucie.

Elle m'a dit : « Le restaurant est ouvert jusqu'à dix heures. Si vous y allez tout de suite, on pourra encore vous servir. Si vous êtes sûre de dîner là, je vais demander de retarder l'heure de la fermeture, comme ça vous pouvez d'abord aller poser vos bagages dans votre chambre. Le seul restaurant de *râmen* * des environs est fermé aujourd'hui.

* Nouilles chinoises très populaires au Japon, et que l'on mange dans des restaurants bon marché. *(N.d.T.)*

– Je redescends tout de suite. Merci de prévenir le cuisinier », ai-je dit avant de monter dans ma chambre.

J'ai posé mes affaires, enlevé mes chaussettes qui sentaient la sueur, puis je me suis précipitée au restaurant.

J'étais, bien sûr, la seule cliente dans cette salle obscure. Sur la table, une orchidée artificielle était plantée dans un vase à la forme bizarre. Le potage, servi dans une assiette à soupe aux motifs de fleurs, avait évidemment un goût de conserve. Depuis quand, et en vertu de quelle erreur, les Japonais en sont-ils venus à considérer toutes ces choses bidons comme un critère de raffinement ? Quoi qu'il en soit, le potage, le pain rassis et une petite bière m'ont enfin réchauffé l'estomac.

Par la fenêtre, on apercevait les montagnes sombres, les rues plus sombres encore. L'éclairage des lampadaires formait une ligne en pointillés qui s'étirait dans le lointain. J'avais l'impression d'avoir échoué dans un lieu qui n'était de nulle part. De ne plus savoir où retourner. On aurait dit que ce chemin n'avait pas de suite, ce voyage, pas de fin, et que le matin ne reviendrait plus. Et il m'a semblé comprendre ce que ressentaient les fantômes. N'étaient-ils pas enfermés à jamais dans cette même dimension temporelle ? Mais pourquoi est-ce que je m'interrogeais sur les états d'âme des fantômes ? J'ai trouvé ça bizarre. Je devais être très fatiguée.

Machinalement, j'ai regardé de nouveau au-dehors : une faible lueur flottait dans le ciel. Puis j'ai entendu passer sous les fenêtres de l'hôtel, toutes sirènes hurlantes, une voiture de pompiers et une ambulance. Mal à l'aise, je me suis levée et j'ai réglé mon addition.

Au moment où je passais devant la réception pour me rendre à la salle de bains de l'hôtel, mon *yukata* * sous le bras, j'ai croisé la dame de l'accueil qui rentrait dans le hall en frissonnant.

« Qu'est-ce qui se passe ?

– Il y a eu un incendie au restaurant d'udon, à ce qu'il paraît. »

« Non, ce n'est pas possible ! » me suis-je dit, et j'ai demandé : « Il y a eu des victimes ? »

La dame, remarquant mon drôle d'air, a gardé quelques instants le silence. J'ai ajouté : « Tout à l'heure, j'ai mangé de l'udon, mais j'ai laissé la moitié de mon plat. Alors je me demandais s'il s'agissait du même restaurant...

– Mais... vous m'avez dit que vous n'aviez

* Kimono de coton léger que l'on porte surtout en été. À l'hôtel, des *yukata* sont mis à la disposition des clients qui s'en servent souvent en guise de vêtement de nuit. *(N.d.T.)*

pas dîné ! Ah oui, je vois... Là-bas, la bouffe n'est vraiment pas terrible. Même les gens d'ici n'y vont pas, alors il n'y a pas de raisons que ça plaise aux citadins. C'est normal. »

« Elle ne manque pas de flair, cette bonne femme ! » ai-je pensé. Ça m'aurait été pénible de lui donner des explications, elle m'avait au moins épargné cette corvée.

« Il n'y a pas de mort ! Ce type tient son restaurant tout seul, et il a réussi à s'en sortir sain et sauf. Il paraît que c'est un poêle mal éteint qui a provoqué l'incendie. Mais c'était juste quelques flammes ! » Et elle a ri. « De toute façon, ce n'est pas votre faute, alors allez prendre tranquillement votre bain ! »

« Si, c'est peut-être ma faute. Je n'en suis pas sûre, mais enfin... », ai-je pensé.

Puis je me suis dirigée vers la salle de bains. En fait, j'avais plutôt envie de m'enfuir. Dans une autre ville, dans un autre temps. Mais je me trouvais déjà plongée par toutes les fibres de mon corps dans cette nuit, dans cette atmosphère à la fois bizarre et triste. J'avais la sensation qu'une sorte de filtre posé sur tout ce qui m'entourait m'empêchait d'avoir les idées claires. J'étais prisonnière de la puissance de la nuit.

Le bain était rempli d'eau de source. En regardant à la surface les reflets vagues de ses carreaux anciens, je me suis sentie un peu plus détendue.

L'eau, bien chaude, pénétrait mon corps fatigué, mes jambes douloureuses. Sous la lumière phosphorescente des néons, je me suis lavée sans me presser.

J'avais envie que le matin vienne vite. Ce corps plongé dans l'eau chaude, j'aurais voulu l'exposer aux rayons éblouissants du soleil qui purifie tout. Mais de même qu'une personne atteinte d'une forte fièvre est incapable de se figurer une existence normale, je savais bien que, pour le moment, ma vie n'était nulle part ailleurs que dans cette nuit.

Pour me rafraîchir le visage, j'ai ouvert la fenêtre. Au-dehors il faisait sombre, le calme était revenu, les étoiles scintillaient d'un éclat froid. Les arbres semblaient pris dans des ténèbres gluantes, pas une branche ne frémissait, le temps s'était arrêté.

C'était exactement ce que je ressentais quand je vivais avec Chizuru.

Mais pourquoi n'arrêtais-je pas de penser à elle aujourd'hui ?

Baissant les yeux, j'ai vu mon corps nu. Avec ses détails familiers : mes jambes et mon ventre blancs, la forme de mes ongles. Et soudain, je me suis souvenue : aujourd'hui c'était le jour anniversaire de sa mort !

J'ai adressé une prière aux étoiles minuscules, pour que Chizuru soit heureuse dans l'au-delà. Pour que les dieux reconnaissent ses qualités, sa personnalité qui m'était chère, sa silhouette frêle. Pour qu'on lui donne un lit à baldaquin particulièrement moelleux. Du saké céleste particulièrement doux. Une autre vie particulièrement douillette. J'ai ajouté : « Je vous en prie, même si vous devez diminuer la mienne d'un an ou deux. De toute façon, je vais sûrement vivre centenaire. »

Me sentant plus ou moins soulagée et ramollie par la chaleur, j'ai regagné ma chambre.

3
Le rêve

L'eau thermale avait fait fondre ma fatigue et, sous l'effet d'un saké froid que j'avais pris dans le réfrigérateur, je me suis écroulée sur mon lit. Je n'avais même pas défait mes bagages. Vêtue du yukata fourni par l'hôtel, j'ai plongé dans le monde du sommeil en oubliant d'éteindre la lampe de chevet.

Dans la chambre il n'y avait pas d'autre meuble que ce lit. La fenêtre donnait sur l'arrière de la montagne. « Quand je rouvrirai les yeux, je verrai sûrement les rayons du matin filtrer à travers les rideaux brûlés par le soleil, me suis-je dit en m'endormant. Et ce que j'ai vécu aujourd'hui d'un peu sinistre aura sans doute disparu. » Au moment où j'allais sombrer, cette pensée m'est passée par la tête et m'a réconfortée.

Le monde pourtant n'allait pas se montrer si tendre.

Le temps s'étire et se resserre. Quand il s'étire à la manière d'un élastique, il vous emprisonne à jamais dans son étreinte. Et il ne vous lâche pas si facilement. Parfois il vous abandonne dans des ténèbres où vous ne faites que tourner en rond, et vous avez beau vous arrêter et fermer les yeux, pas une seconde ne s'écoule.

J'ai rêvé que j'étais dans un labyrinthe.

Je progressais en rampant au cœur de l'obscurité, dans un réseau complexe de couloirs étroits qui se divisaient en multiples ramifications. Il me fallait garder tout mon sang-froid pour retrouver la sortie. De temps en temps l'espace s'élargissait devant moi, on pouvait presque y tenir debout, mais de là partaient encore plusieurs embranchements.

Apercevant enfin de la lumière au loin, j'ai accéléré le pas.

J'ai débouché dans un endroit plus clair : une petite grotte, ornée d'étoffes de toutes les couleurs et de bougies allumées. Au bout de quelques secondes, j'ai distingué derrière les étoffes un petit sanctuaire. « Mais je le connais, je l'ai déjà vu quelque part ! » ai-je pensé dans mon rêve.

À cet instant, quelqu'un a murmuré à mon oreille : « Aujourd'hui, nous sommes le… du mois de… » Je n'ai pas bien saisi ses paroles, mais elles m'ont mise mal à l'aise. C'était sans doute un de ces jours qu'on a envie d'oublier. Oui, j'en étais sûre.

Puis un souvenir m'est revenu. Avec émotion, je revoyais cette pièce. De la fenêtre, l'autoroute semblait toute proche, avec son vacarme qui ne cessait jamais et l'odeur des gaz d'échappement. Le sol de la pièce était sale, les murs très minces. Est-ce que j'avais vécu là avec quelqu'un ?

Au même moment, j'ai vu à la lueur vacillante des chandelles une silhouette qui bougeait.

« Il faut faire une offrande », a dit Chizuru. « Ah oui, c'était avec elle... », ai-je pensé en rêve.

Elle avait dû me suivre sans que je m'en aperçoive, et entrer derrière moi dans la grotte. Comme toujours elle avait le teint pâle, les cheveux extrêmement courts, et elle paraissait triste.

Sans même jeter un regard vers moi, elle s'est mise à aligner des cailloux noirs sur une petite plate-forme qui rappelait un autel.

« Ces pierres, je les ai ramassées dans le lit à sec de la rivière », m'a-t-elle expliqué.

Me sentant obligée de répondre, j'ai dit : « Tu parles sans doute... de cette fameuse rivière *, de cet endroit où on n'a pas le droit d'aller tant qu'on est encore en vie. »

Mais c'était quand même incroyable que je ne trouve rien d'autre à dire à un moment pareil.

« Oui, c'est bien ça », a répondu Chizuru. Toujours sans me regarder. « Je voulais faire une offrande, parce que c'est le jour anniversaire de ma mort.

– Tu ne crois pas que ce serait plutôt à moi de le faire ?

* Dans les croyances bouddhiques, c'est la rivière qui sépare notre monde des Enfers. Les pierres ramassées dans son lit sont utilisées en guise d'offrandes pour le repos de l'âme des morts. *(N.d.T.)*

– Toi ? Tu ne t'en souvenais même pas ! m'a-t-elle dit en riant. Tu avais complètement oublié cette date, et tu marchais tranquillement dans la montagne en chantonnant ! »

Qu'est-ce que je pouvais répondre à ça ?

Chizuru a ajouté : « Tu n'as pas encore compris. Tu penses toujours que c'est pour toi que les choses sont le plus pénibles, tu ne cherches qu'à te tirer d'affaire et à mener la vie la plus facile, la plus amusante. » Son regard brillait d'une colère noire, je n'avais jamais vu ça. Je me suis sentie vraiment mortifiée. Car j'avais toujours aimé Chizuru, à ma façon.

« Alors, plus les choses sont graves, mieux ça vaut ? C'est ça que tu veux dire ? C'est sûr que par rapport aux tiens, mes malheurs ne pèsent pas lourd. Et par rapport à ta vie si tragique, ma vie est tellement facile ! Je ne peux même pas viser le prix de consolation dans un radio-crochet ! »

Ma voix tremblait d'une colère que j'étais incapable d'endiguer. En parlant, je me rendais compte avec stupeur que ma vie, au fond, me pesait beaucoup plus que ce que je croyais.

Il faisait très chaud dans cette grotte, l'air y était rare. Si seulement il y avait une fenêtre ! Combien de temps fallait-il encore que je reste là ? La flamme des chandelles éclairait vaguement les murs de terre. L'air sentait la poussière et le moisi.

La chaleur m'a réveillée. Le plafonnier de la chambre était allumé. J'étais en sueur et sonnée par le poids du rêve. Mon yukata me collait désagréablement à la peau, les draps étaient tout froissés. Quel mauvais rêve !

J'ai regardé ma montre, il était deux heures du matin. Complètement réveillée à présent, je n'allais pas retrouver tout de suite le sommeil. Je me suis levée et j'ai sorti du réfrigérateur une bouteille d'eau. J'ai bu, à grandes gorgées. Et je me suis enfin sentie vivante. Du coup, j'ai réalisé que le chauffage était mal réglé. J'ai tourné le bouton du vieux radiateur pour baisser la température.

À cette heure avancée de la nuit, rien ne bougeait, la chambre était plongée dans le silence.

M'approchant de la fenêtre, j'ai regardé au-dehors. C'était l'obscurité la plus totale, là non plus rien ne bougeait. Mon visage se reflétait dans la vitre.

Je me suis dit : « Décidément, cette nuit, il se passe des choses bizarres ! »

J'avais dû ramasser quelque chose sur ce chemin de montagne. Peut-être cette drôle d'atmosphère.

La Chizuru de mon rêve n'avait pas la même profondeur que dans la réalité. Elle manquait de consistance. C'était un rêve, et rien de plus.

Chizuru ne parlait pas de cette façon-là. Plus forte, plus maligne, elle était capable d'une ironie plus mordante, mais en même temps il y avait en elle bien plus d'intelligence et de gentillesse. C'était certainement mon sentiment de culpabilité qui avait créé cette autre Chizuru.

Je m'étais rallongée. Au bout d'un moment, j'ai senti de nouveau la somnolence me gagner.

À peine rendormie, je me suis retrouvée dans la grotte. Je l'aurais parié...

Chizuru, à genoux, les yeux fermés, priait avec ferveur. Elle était belle. Les parois de la grotte, éclairées par la lueur des bougies, paraissaient grises. À cause de la grâce qui émanait de Chizuru, cet espace semblait avoir été conçu pour la prière.

La lumière vacillante donnait de la fragilité à ses traits. Sous ses paupières fermées, je croyais deviner l'éclat froid de ses yeux bruns. Que demandait-elle dans ses prières ? De quoi souffrait-elle ?

À bien y réfléchir, je ne connaissais rien de Chizuru. D'ailleurs, à l'époque où je vivais avec elle, j'avais l'esprit embrumé. Sans énergie, vulnérable, je n'étais pas vraiment sortie de l'enfance. J'avais l'impression qu'il faisait toujours gris au-dehors, et pas seulement à cause du ciel couvert : cette année-là, la ville était souvent dans le brouillard. La nuit, par la fenêtre, était d'un gris épais et trouble.

Cette région montagneuse avait dû éveiller des échos dans un coin de ma mémoire, m'attirant ainsi dans ce rêve triste. Mais c'était au moins l'occasion de retrouver Chizuru.

Oui, quand elle ne parlait pas, la Chizuru de mon rêve était tout à fait comme celle d'autrefois, et sa présence m'emplissait de nostalgie. Elle était là, avec son chandail blanc effiloché aux poignets, son jean dont on avait payé chacune la moitié – et comme on se le disputait tout le temps, on avait décidé que c'était à la première levée le matin de le mettre –, ses cheveux châtain clair un peu abîmés… tout ce qui m'avait manqué depuis des années. Je l'ai contemplée longuement.

Et j'ai compris qu'en réalité, jamais aucune de mes pensées n'était arrivée jusqu'à elle. Chizuru restait toujours enfermée au plus profond d'elle-même. Elle ne cherchait même pas à exprimer ce qu'elle éprouvait.

Moi, j'étais là, tout simplement. J'aimais tant l'observer. Elle semblait faite d'un pâle reflet de vie, engendré par d'innombrables tourments.

Au moment où Chizuru se retournait vers moi, les flammes des bougies se sont éteintes, plongeant la grotte dans le noir.

Ah, je m'étais encore endormie ! Et laissé entraîner dans le même rêve.

Il était trois heures du matin.

J'avais la gorge sèche, et vaguement mal à la tête.

J'ai parcouru du regard cette chambre inconnue. Tout semblait coupé de la réalité. J'ai plaqué mon visage contre les draps, sans rien éprouver de tangible. Et si je buvais un coup ? Parvenue à cette conclusion, j'ai sorti du réfrigérateur une bouteille de whisky, et je m'en suis versé un verre. Au point où j'en étais, pourquoi ne pas accepter de retomber dans ce rêve ? Même s'il provenait de la présence maléfique qui hantait cet endroit, au moins me permettrait-il de revoir encore Chizuru le jour anniversaire de sa mort. Je me suis demandé : « À quoi peut bien correspondre cette grotte ? » Et soudain, j'ai compris : cette présence malfaisante avait dû être enterrée vivante dans une grotte près du petit sanctuaire. C'est ce que j'ai pensé, sans savoir pourquoi. Du coup, tout m'a paru plus clair.

Par quel mystère cette idée m'était-elle donc venue ? En tout cas, il n'y avait pas de doute.

Quand Chizuru était morte, je n'avais pas versé une seule larme. Pourquoi ? Et pourquoi avais-je été si méchante avec elle dans ce rêve ? Quitte à faire semblant, j'aurais dû me montrer plus tendre.

4
La visiteuse

À cet instant, on a frappé à la porte.

Surprise, un peu effrayée, j'ai regardé par l'œilleton. C'était peut-être la dame de la réception.

Mais dans le couloir baigné d'une étrange clarté, j'ai vu une inconnue en peignoir. Elle restait plantée là, les bras ballants.

Ouvrant la porte, je lui ai dit : « Vous tombez mal, moi, les femmes, je ne suis pas preneuse. »

Elle m'a répondu à voix basse : « Mais vous n'y êtes pas du tout : je suis à la porte de ma chambre.

– On ne veut pas vous ouvrir ?

– Apparemment, il s'est endormi.

– Eh bien, vous n'avez qu'à lui téléphoner d'ici !

– Je vous remercie. »

Elle était plutôt maigre. Elle avait les cheveux longs, le bas du visage étroit, des lèvres minces qui lui donnaient à la fois l'air piteux et distingué. Elle était nue sous son peignoir et, au moment où elle passait devant moi, à ma grande surprise, j'ai entrevu ses poils. Je me suis demandé depuis combien de temps elle arpentait le couloir dans cette tenue.

Debout devant le téléphone, elle ne semblait pas décidée à décrocher.

« Vous n'avez quand même pas oublié le numéro de votre chambre ?

– Non, non, il ne s'agit pas de ça ! » Et elle a secoué ostensiblement la tête. « En fait, on s'est disputés. Alors, même si je l'appelle, je suis sûre qu'il ne va pas répondre.

– Mais s'il vous a mise à la porte dans cette tenue, il doit s'en vouloir à l'heure qu'il est, non ?

– Sans doute. Mais laissez-moi une dizaine de minutes avant d'appeler. Si vous acceptez que je reste un peu ici… »

Je lui ai versé du whisky.

Tendant son bras mince et nu, elle a saisi le verre et a bu une gorgée.

Elle m'a demandé : « Ça vous est déjà arrivé, de vous trouver dans ce genre de situation ?

– Vous voulez dire : de se faire traiter, ou au contraire de se comporter soi-même, de façon odieuse ? »

J'ai ajouté : « Bien sûr, c'est tellement fréquent ! Dans ces cas-là… »

Et je me revoyais, incapable de tendresse à l'égard de Chizuru, même en rêve.

« … j'ai l'impression d'être entraînée dans un autre monde. Je n'ai plus toute ma tête, et mon corps échappe à mon contrôle.

– C'est tout à fait ça. Comme si on vivait un mauvais rêve. »

Elle a continué : « Il est marié, il ne veut pas divorcer.

– C'est pour ça que vous vous êtes disputés et qu'il a fini par vous mettre à la porte, toute nue ?

– Je crois qu'il sait que tout ça, c'est sa faute, et du coup il devient encore plus violent. Dans une petite ville comme celle-ci, si on se met à hurler dehors, tout le monde est vite au courant, alors je provoque parfois une dispute en pleine rue. Lui, il ne dit pas un mot, il n'élève jamais la voix, mais moi, je continue à crier. Dans les magasins, dans les rues. Et je sens bien que peu à peu je perds pied, que je deviens bizarre. Comme si j'étais enfermée dans un sac en plastique et que l'oxygène commençait à manquer. J'ai l'impression que plus personne ne me voit, que je ne peux ni reculer ni avancer. Et puis, dès qu'on entre à l'hôtel, il se met à me frapper. Ça se passe toujours comme ça, je n'en peux plus. Tout à l'heure, on s'est retrouvés sur le chemin de montagne. On a recommencé à se hurler dessus, je me suis mise à marcher, de plus en plus vite, et soudain tout m'est devenu indifférent. D'ailleurs, les langues vont déjà bon train à notre sujet, ma mère me conseille de me faire hospitaliser, et je ne pense pas que je pourrai rester encore longtemps dans cette ville. De toute façon, c'est fini entre nous. »

Elle m'a raconté cela par bribes, d'un ton monotone, on aurait cru qu'elle parlait de quelqu'un d'autre.

Je lui ai dit : « Je suis désolée, mais rien que de vous voir dans cet état, ça m'épuise. » C'était vrai. En la regardant, en écoutant sa voix, j'avais la curieuse sensation que ma tête s'engourdissait et qu'on me vidait de ma substance.

« Vous feriez mieux de téléphoner tout de suite.

– Non, pas encore. J'ai peur.

– Bon, si vous voulez, je peux aller réveiller la dame de la réception pour récupérer un double des clés. » Ça, au moins, j'étais prête à le faire pour elle.

« Oui, ça semble la meilleure solution. Si ça ne vous dérange pas.

– Pas du tout.

– Mais laissez-moi vous parler encore un peu. Pour essayer de me calmer.

– D'accord.

– Quel effet ça vous fait à vous ? Quand vous êtes dans une situation où on se déchire ? »

Elle m'a posé cette question en me regardant bien en face. Mais elle était si envahie par son propre monde que rien ne se reflétait dans ses yeux.

« Désolée de ne pas pouvoir vous aider. Je n'ai jamais vécu une expérience pareille. »

C'était vrai : dans n'importe quelle situation, j'avais toujours trouvé quelque chose de drôle, de plaisant ou de beau, quelque chose qui m'émerveillait.

Cette année-là avait été terrible.

Mon père, qui vivait depuis longtemps ailleurs avec sa maîtresse, venait de mourir en me laissant à moi seule un petit héritage. Or ma mère avait fait toutes sortes de manigances pour se l'approprier, et s'était finalement enfuie en emportant mon sceau et mon livret de caisse d'épargne.

En fait, cette femme qui m'avait élevée n'était pas ma vraie mère, mais comme on s'entendait plutôt bien, le choc avait été rude. D'après les on-dit, elle avait quitté le bar où elle travaillait pour partir avec un homme. J'étais tellement dépitée que j'ai tout fait pour repérer l'endroit où elle habitait. Un jour, j'ai entrepris de récupérer mon argent. J'avais pensé que ce ne serait pas si simple, mais en réalité tout s'était déroulé avec une facilité déconcertante.

L'après-midi était déjà bien avancé quand je suis arrivée dans la ville où ma mère habitait. Craignant qu'elle ne vive avec un homme mal embouché, je n'ai pas osé entrer tout de suite dans son immeuble : j'ai décidé d'attendre la tombée de la nuit en flânant dans cette ville inconnue.

Ce que j'ai éprouvé alors, je m'en souviens même aujourd'hui…

Les habitudes de vie, c'est quelque chose qui reste ancré en nous. Après ce qui s'était passé, le seul lien qui nous rattachait encore, ma mère et moi, c'était ce rythme du temps partagé qui imprégnait nos corps.

Comme je n'avais jamais pris cette histoire d'héritage très au sérieux, je pensais que je finirais par revoir ma mère un jour ou l'autre, même si elle avait cédé à ma grand-mère paternelle ses droits parentaux. Mais je ne l'avais jamais rencontrée depuis. D'ailleurs, peut-être ne la reverrais-je plus jamais. Pourtant, il m'était si pénible d'accepter cette idée que je l'avais toujours refoulée au plus profond de moi.

Et voilà qu'à présent, dans cette ville, le temps gravé dans mon corps depuis l'enfance resurgissait comme avant.

Le soir, quand débutaient les actualités télévisées, quand les oiseaux s'envolaient vers le couchant, quand le soleil démesuré qui flottait à l'ouest sombrait lentement vers l'horizon, j'étais toujours sur le chemin du retour. Je revenais seule tantôt de l'école, tantôt d'une visite chez mon copain, tantôt d'une balade – les jours où je séchais les cours –, tantôt d'une rencontre avec des amies, mais quand je vivais avec ma mère, je prenais toujours la peine de rentrer à la maison avant de ressortir.

Car c'était le seul moment qui me liait à elle. Ce n'était pas vraiment l'envie de la voir qui me poussait : plutôt la règle morale existant entre des personnes qui ne sont pas du même sang. Ce comportement enfantin et instinctif – destiné à rappeler à ma mère qu'elle avait à sa charge un être vivant – avait fini par faire partie de moi.

Ma mère était toujours en train de dîner au moment où je rentrais. Puis elle partait travailler au bar. Cela faisait longtemps que mon père ne se montrait pratiquement plus à la maison, alors vers la fin nous vivions seules toutes les deux. Je restais quelques instants avec elle pendant qu'elle terminait son repas, puis je l'accompagnais jusqu'à la porte. « Bye-bye, à plus tard », lui disais-je en lui faisant un petit signe de la main. Ensuite, je m'occupais de la vaisselle et du ménage, et dans la plupart des cas, je ressortais pour aller chez des amies ou chez mon copain. Et souvent je rentrais très tard.

Parfois ma mère ne revenait pas de la nuit. Mais jamais elle ne ramenait d'homme à la maison. Sans doute considérait-elle, avec son sens de la moralité, que cet endroit était lié à mon père. J'avais été surprise de voir qu'une femme comme elle m'avait chipé mon héritage, mais je crois que ce n'était pas dirigé contre moi : elle devait surtout en vouloir à mon père de ne lui avoir rien laissé, alors que, sans être ma vraie mère, elle s'était donné tant de mal pour m'élever.

Tandis que je tuais le temps dans cette ville inconnue – j'avais joué à des jeux électroniques, bu je ne sais combien de tasses de café, contemplé le soleil couchant du haut d'un talus, feuilleté des revues dans une librairie –, j'ai fini par ne plus savoir où j'en étais.

J'avais l'impression de me trouver dans une de ces villes imaginaires qu'on peut voir en rêve. L'impression que mon cœur se décomposait sous les rayons du couchant. J'avais le vertige, comme s'il me suffisait de tourner là-bas, au coin de la rue, pour retrouver l'immeuble d'autrefois. L'appartement où je vivais avec ma mère, l'odeur de la lessive, le grincement du parquet de la cuisine, tout allait resurgir devant moi, à coup sûr. C'était un assez bel immeuble, mais comme il datait d'une vingtaine d'années, il était déjà un peu fissuré par endroits. Il y faisait trop chaud l'été, trop froid l'hiver. À présent, c'était là que je retournais, j'en étais persuadée. Ma mère serait en train de dîner, et notre vie à deux allait recommencer comme avant. Je me suis même dit : « Tiens, aujourd'hui c'est lundi, il faut que je plie le linge et que j'aille faire les courses pour la semaine. »

Mais non : dans cet appartement que je ne connaissais pas, elle vivait avec un inconnu. Je suis revenue devant l'immeuble à l'heure qui m'a semblé le plus propice.

Ma mère, comme à son habitude, avait laissé les rideaux grands ouverts, et j'ai vu, à sa silhouette qui se reflétait sur la vitre, qu'elle se préparait à sortir. Même à travers le verre dépoli, je percevais bien ses mouvements pleins d'entrain, car la lumière était allumée. Je reconnaissais aussi ses petites manies : changer trois fois de veste, s'examiner de la tête aux pieds devant le grand miroir posé près de la fenêtre. L'esprit de plus en plus confus, j'en venais à perdre toute notion du temps. Au point de croire que, dès que j'entrerais dans cet appartement, tous les malentendus allaient s'effacer, on pourrait revenir en arrière. Finalement, ma mère est sortie après avoir éteint la lumière. Ce qui voulait dire que son compagnon était absent.

Puis elle est passée devant moi, la démarche légère, sans s'apercevoir que j'étais cachée là.

C'était une belle femme, et comme elle adorait le contact avec la clientèle, travailler dans les bars était plutôt un divertissement pour elle. Il était évident qu'elle avait repris les mêmes activités dans cette ville. Vue de dos, sa silhouette fine n'avait pas changé. Elle s'est éloignée d'un pas pressé.

J'ai vite repéré le numéro de son appartement en examinant toutes les boîtes aux lettres, et j'ai glissé la main à l'intérieur de la sienne. C'était bien ce que je pensais : comme autrefois, la clé était scotchée sur la paroi du haut. Je l'ai détachée et je me suis engagée dans le couloir.

C'était un grand immeuble d'habitation dans le style des HLM. Ayant le sentiment d'être une intruse, mon cœur battait plus fort chaque fois que je croisais des gens. J'entendais des bruits joyeux qui venaient de chaque logement : des cris d'enfants, des clapotis d'eau – sans doute un père de famille prenant son bain en premier –, des appels, et les préparatifs du repas du soir. Il y avait de bonnes odeurs aussi... Prise d'une vague envie de pleurer, j'ai traversé le couloir à toute allure.

L'appartement se trouvait tout au bout. Glissant la clé dans la serrure, j'ai ouvert la porte. Au mur, un vêtement d'homme était suspendu à un cintre. Un complet-veston. J'ai poussé un soupir de soulagement : ce complet appartenait à coup sûr à un employé ordinaire. Au moins, ma mère ne s'était pas fait mettre le grappin dessus par un yakusa. Une nouvelle vie avait dû commencer pour elle. Son odeur flottait dans la cuisine parfaitement rangée. Il y avait quatre pièces en tout. L'intuition me guidant, je suis entrée dans celle où j'avais aperçu sa silhouette et j'ai ouvert le tiroir de la commode dans lequel elle devait ranger sa lingerie. Là, comme je l'avais deviné, j'ai découvert, cachés sous une pile, mon sceau et mon livret de caisse d'épargne. J'y ai jeté un coup d'œil : la somme de vingt millions de yens que mon père m'avait laissée était bien là. Apparemment, ma mère n'y avait pas encore touché. Au fond, l'argent m'importait peu, mais je ne pouvais pas me passer de mon sceau. Emportant le tout, je suis sortie de l'appartement. J'ai fermé la porte à clé en me disant : « C'est rare, un voleur qui se donne cette peine-là. » J'avais laissé au fond du tiroir un papier avec, écrit en tout petit : « Arsène Lupin a encore frappé ! » Mais ça n'allait sans doute pas la faire rire. Puis, après avoir scotché soigneusement la clé dans la boîte aux lettres, j'ai pris le train et je suis rentrée chez moi.

Le lendemain, résiliant mon abonnement téléphonique, j'ai acheté un portable. Puis j'ai entrepris des démarches afin de déménager. Car j'aurais été bien ennuyée de voir ma mère rappliquer pour récupérer l'argent. Tout cela a bien dû me faire dépenser le potentiel d'énergie d'une vie entière. J'ai passé une nuit blanche à trier toutes les affaires accumulées jusque-là. J'ai rangé les vêtements de mon père dans des cartons que j'ai déposés au garde-meubles avec ses livres, ses lettres et ses objets personnels. Quant aux affaires laissées par ma mère, ce n'étaient effectivement que des bricoles, et j'ai tout jeté. Puis j'ai fait un tri sévère dans mes propres affaires : celles dont je n'arrivais pas à me débarrasser, je les ai confiées également au garde-meubles, et j'ai réussi à tasser tout le reste dans deux valises. Le surlendemain je me suis fait ouvrir un compte en banque sur lequel j'ai déposé dix millions de yens, et j'ai envoyé à ma mère, par chèque, les dix millions restants. Quand on m'a donné le formulaire pour les recommandés, l'image des boîtes aux lettres de son immeuble m'est venue à l'esprit. Et je me suis dit : « À partir du moment où mon courrier tombera dans sa boîte à elle, je serai vraiment seule. »

Pendant quelque temps, j'ai logé dans un hôtel bon marché, puis Chizuru m'a proposé de venir habiter chez elle. C'était l'amie d'un de mes amis. Je savais qu'elle avait de l'affection pour moi. Je l'aimais bien, moi aussi. Et comme il fallait du temps pour que se dissipe l'incertitude dans laquelle je me trouvais, j'ai décidé d'accepter son hospitalité.

Dès le début, la vie avec Chizuru s'est révélée pleine de surprises.

Souvent elle voyait des fantômes, ou elle sentait leur présence autour d'elle. Quand il arrivait quelque chose de triste à ses amis, ses larmes se mettaient à couler toutes seules. Elle était capable aussi de soulager mes douleurs aux épaules ou mes brûlures d'estomac par simple imposition des mains. Ce don lui était venu à la suite d'une chute terrible dans un très long escalier quand elle était petite. Elle avait le regard limpide, et ses yeux clairs semblaient percevoir ce que les autres ne voyaient pas. Il y avait une grande force en elle. Rien ne lui faisait peur.

Par ailleurs, son appartement convenait parfaitement à l'état lamentable qui était le mien à l'époque. Il se trouvait au sixième étage d'un immeuble à moitié délabré, juste à côté d'une autoroute, et de la fenêtre on apercevait un réseau inextricable de ruelles et des quartiers pauvres, à la limite du bidonville. Le vacarme ne cessait jamais : beaucoup de locataires avaient le plus grand mal à payer leur loyer, et juste au-dessus de nos têtes, dans un deux-pièces aussi exigu que le nôtre, vivait une famille de huit personnes. Tout ce monde-là faisait un bruit d'enfer. Bref, on se serait presque cru à Hong-Kong, dans les taudis de Kowloon que j'avais vus à la télé.

« Pourquoi est-ce que tu as choisi un endroit pareil ? » Un jour que je lui posais cette question, elle m'avait répondu en souriant : « Je ne sais pas pourquoi, mais ça me repose », et elle avait ajouté : « Et puis, quand je vois des gens normaux, ça m'angoisse : j'ai l'impression que c'est moi qui suis un peu fêlée. »

Elle avait l'obsession de la propreté et passait son temps à astiquer la cuisine ou le sol. Il m'arrivait souvent d'être réveillée en pleine nuit par le bruit qu'elle faisait en frottant le plancher. Et aussi de glisser et de me flanquer par terre, tellement c'était bien ciré.

Elle ne dormait presque pas. D'après elle, quelques heures de sommeil lui suffisaient. Alors, cirer le plancher était un vrai passe-temps. Avant de vivre avec moi, elle attendait ainsi le lever du jour, même si personne n'était là pour le remarquer.

Et puis elle prétendait qu'elle voyait des fantômes. Celui de « sa grand-mère qui lui apportait des kakis », ou « du gamin qui s'était fait renverser par une voiture ». Bref, elle n'arrêtait pas de chuchoter des choses qui me faisaient peur. En sa compagnie, le monde était peuplé de revenants.

Tout cela ne me dérangeait pas trop, car j'avais décidé que ce que je ne voyais pas n'existait pas. Pourtant, il m'arrivait parfois de sentir des choses. Dans la rue, ou dans l'appartement. Chizuru me disait alors qu'il y avait quelqu'un à côté de moi. Et afin de passer des nuits paisibles, sans apparitions, elle mettait chaque soir, pour dormir, une foule d'accessoires brillants : bagues, boucles d'oreilles, bracelets... Pour elle, c'était une façon d'éloigner les fantômes. À cause de tous ces bijoux qui me mordaient la peau, faire l'amour avec elle devenait un véritable supplice, car c'était toujours elle, curieusement, qui jouait le rôle de l'homme.

Cette année-là, il y a eu vraiment beaucoup de brouillard.

Souvent, quand je me réveillais à l'aube, je trouvais Chizuru assise par terre, un chiffon à la main. Entre deux séances d'astiquage, elle était en train de regarder par la fenêtre.

Les phares des voitures diffusaient dans le ciel brumeux une curieuse clarté. Ce paysage semblait ne pas être de ce monde. Ou plutôt, flotter à sa lisière, entraînant avec lui Chizuru qui le contemplait.

Les yeux à demi ouverts, je la regardais sans qu'elle s'en aperçoive. Les coudes appuyés contre le châssis de la fenêtre qui vibrait au vent, elle était fascinée par ce qu'elle voyait, comme une enfant. Dehors s'étendait un brouillard presque palpable, aussi épais que du lait. J'avais l'impression que le matin ne reviendrait plus jamais. Chizuru, avec son corps frêle, ses bras minces, paraissait rejetée par ce monde. Comme si elle n'avait le droit d'exister qu'à l'intérieur de cet étrange paysage.

Souvent, les gens croient que dans un couple on se quitte par lassitude, ou à la suite d'une décision à sens unique. Mais ce n'est pas vrai. C'est simplement un cycle qui se termine, comme une saison succède à l'autre. Rien de plus. Et la volonté humaine ne peut rien y faire. Voyons donc les choses autrement : pourquoi ne pas essayer de vivre le mieux possible jusqu'au jour de la séparation ?

Notre vie à deux, jusqu'au tout dernier moment, s'est déroulée dans le calme et la joie.

Suis-je la seule à voir les choses ainsi ? Non, je ne crois pas.

Dans ce vieil appartement où l'on mangeait n'importe comment à n'importe quelle heure, je me fortifiais peu à peu l'esprit pour devenir adulte. Jusqu'au jour où je me suis dit : « Il serait peut-être temps que tu te mettes à vivre seule… » Ayant trouvé par hasard, non loin de là, un studio pas cher qui me convenait parfaitement, j'ai aussitôt décidé de le prendre et j'ai annoncé la nouvelle à Chizuru. Sur le moment, elle n'a pas eu l'air particulièrement perturbée.

On s'est dit en riant : « On va continuer à se voir souvent. » Je ne me suis donc pas rendu compte à quel point elle était ébranlée par l'idée de mon départ.

Le dernier dimanche, nous nous sommes senties un peu tristes. Chizuru avait envie de faire un tour. Alors nous avons pris sa voiture pour aller à la montagne, non loin de chez nous. C'était moi qui conduisais. Après avoir mangé du riz aux champignons dans une petite auberge située au sommet, nous sommes allées jusqu'au belvédère pour contempler les montagnes parées de toute une gamme de couleurs, puis nous avons pris un bain dans une station thermale.

Je me souviens : c'était aussi un jour d'automne.

Du bain en plein air, on voyait flamboyer des feuillages d'une beauté à couper le souffle : ils offraient au regard un éblouissement de rouges et de jaunes. À chaque rafale de vent, les feuilles, comme prises dans un tourbillon, se mettaient à danser. Nous avions beau retarder le moment de sortir du bain, notre tristesse ne se dissipait pas.

Tristesse de voir le temps passer, tristesse de voir nos chemins se séparer.

« C'est pas bien d'être si triste, voyons ! »

Nous n'arrêtions pas de répéter cette phrase, comme si nous nous adressions à quelqu'un d'autre.

« Ce n'est qu'un déménagement, pourtant. Qu'est-ce qui nous prend ? »

Autour de nous, tout le monde était d'une gaieté à nous rendre presque jalouses. Il y avait là des vieilles femmes, des enfants avec leurs mères. On aurait dit que les petits plaisirs de la vie quotidienne étaient ancrés dans leur corps. Les gens se succédaient, certains sortaient de l'eau, d'autres y entraient, nous étions les seules à nous attarder dans ce bain en pleine nature. Le ciel paraissait très haut.

« On est restées longtemps enfermées dans l'appartement. Et puis le temps a été tellement moche, avec tout ce brouillard… Alors ça semble incroyable de se trouver dans un endroit aussi beau ! a dit Chizuru.

– Quand le ciel est si clair, ça dégage la tête ! »

Au retour, Chizuru m'a lancé : « Je descends ici. »

Malgré mes efforts pour l'en dissuader, elle s'obstinait. Dans la voiture, l'air s'épaississait de plus en plus, je me sentais étouffer, si bien que j'ai fini par la laisser descendre, comme si on m'avait ensorcelée.

« Mais qu'est-ce qui m'a pris ? » me suis-je demandé en arrivant toute seule chez elle. Pourtant, je savais bien que Chizuru n'aurait pas changé d'avis. Il valait mieux ne pas l'attendre ici. La seule chose à faire, c'était de lui éviter le chagrin de me voir quitter son appartement. J'ai donc préparé mes bagages et fait un grand ménage, afin d'effacer la moindre trace de ma présence. Tout ce qu'on possédait en commun, je le lui ai laissé. J'ai songé à ma vie, qui m'obligeait à déménager deux fois de suite à la sauvette. J'ai songé aussi à Chizuru. Je l'aimais beaucoup, mais pas au point sans doute de rester plus longtemps dans la morne tristesse qu'elle portait en elle. Je savais qu'un jour, en tombant amoureuse d'un homme, je lui causerais encore plus de chagrin. Voilà pourquoi je n'ai pas cherché à lui téléphoner tout de suite.

Un mois plus tard, alors que ma vie dans ce nouveau logement avait trouvé son rythme de croisière, j'ai éprouvé le besoin de renouer une relation d'amitié avec elle. Je lui ai passé un coup de fil en pensant qu'il était peut-être temps d'aller la voir.

« Tiens ! Comment ça va ? »

Au téléphone, Chizuru m'a répondu d'un ton tout à fait naturel. Aussitôt, je l'ai imaginée dans l'appartement.

« Excuse-moi d'être repartie l'autre jour avec ta voiture. Tu es bien rentrée ?

– Sans problème. Tu sais, c'était pas très loin. J'ai passé encore deux nuits là-bas, et après, je suis tombée sur une voiture qui m'a ramenée tout de suite en stop.

– Tant mieux... »

Je sentais les larmes me monter aux yeux.

« D'ailleurs, c'est moi qui ai voulu descendre. J'avais vraiment envie de rester un peu plus longtemps dans la nature, en plein automne. Et puis il fallait aussi que je fasse le point. Tout ça, c'était mon choix, alors je ne t'en veux pas. »

Elle a ajouté, avec la même douceur dans la voix : « Je ne voulais surtout pas te voir partir.

– Je sais bien, mais j'aurais dû au moins t'accompagner jusqu'à la gare la plus proche.

– Mais non. Se séparer dans une gare, ça fait vraiment plouc !

– Tu as raison.

– Tu sais, c'était vraiment formidable. De vivre avec toi. J'aurais pas cru que j'étais capable de vivre avec quelqu'un.

– C'est pareil pour moi.

– Je crois que tu as une veine incroyable. Et je suis sûre que ta vie ne sera pas banale. Il va certainement se passer des tas de choses autour de toi. Mais ne te fais pas de reproches. Vis comme une dure à cuire. Quoi qu'il arrive, continue à crâner.

– Pourquoi tu dis ça ? Tu me trouves crâneuse ?

– Non, c'est pas ça. »

Et Chizuru a ri, d'un petit rire espiègle. Sa voix a résonné à mon oreille comme le son d'une clochette.

« Bon, je te laisse.

– À bientôt. »

En raccrochant, je me suis sentie soulagée. Et l'espoir m'a gagnée : notre amour était peut-être sans lendemain, mais il pouvait aussi évoluer vers une autre forme de relation. J'ai dormi, dormi paisiblement pour la première fois depuis notre séparation sur cette route de montagne.

Et là aussi, j'ai fait un rêve étrange.

Je rebroussais chemin dans la montagne, en moi la tendresse avait remplacé la colère. Les teintes du feuillage semblaient se diluer dans le noir des ténèbres. J'arrivais à l'endroit où j'avais laissé Chizuru. Elle était là, accroupie à la manière d'un petit chat. Comme je m'approchais d'elle, elle souriait d'un air heureux. Ouvrant la portière, elle montait dans la voiture, et son visage était empreint d'une vitalité inhabituelle. Je lui prenais la main. Je ne voulais pas la lâcher, même si ce n'était pas évident de conduire d'une seule main sur cette route de montagne. Sa paume et ses doigts étaient froids, comme toujours. Chizuru me paraissait plus petite que d'habitude. J'ai pensé : « Rentrons ensemble dans cet appartement, dans cet immeuble crasseux où la pluie s'infiltre, où le vacarme passe à travers les murs minces. Et même si on ne voit aucun paysage réconfortant par la fenêtre, restons là sans nous quitter, toute notre vie… »

Et je me suis réveillée. Je me sentais bizarre, après ce rêve.

Toute la journée, je n'ai pas arrêté d'y penser. Le soir, m'apercevant que je n'avais donné ma nouvelle adresse à personne, à part Chizuru, j'ai téléphoné à l'un de nos amis communs.

« Tu es vivante ! s'est-il écrié. T'as vraiment une sacrée veine !

– De quoi tu parles ? » ai-je demandé. Car ces mots faisaient étrangement écho à ceux que Chizuru m'avait dits au téléphone.

« Tu n'es pas au courant ?… Je suis désolé. Avant-hier, il y a eu un incendie dans son immeuble et Chizuru est morte !

– Quoi ? Mais hier, je lui ai parlé au téléphone ! me suis-je exclamée, stupéfaite.

– Tu sais… c'est peut-être… Ça doit être ça. Avec Chizuru, c'est tout à fait possible !

– Mais com… comment ?

– Tout le monde croyait que tu étais là-bas toi aussi, alors on était très inquiets, on t'a cherchée partout, on a même essayé de retrouver ton cadavre. Mais on ne savait pas quoi faire, parce qu'on n'avait aucun moyen de te joindre. C'est merveilleux que tu sois vivante ! Au moins une bonne chose, dans tout ce malheur. Ne t'inquiète pas, je m'occupe d'annoncer la nouvelle aux autres ! »

Malgré son ton plutôt léger, j'ai bien perçu sa tristesse. Complètement abasourdie, j'ai serré le combiné très fort.

« Merci de me l'avoir appris. Il y aura une cérémonie ?

– Un de ses parents, pas très proche apparemment, est venu à l'hôpital, et il est reparti aussitôt en emportant le corps. Il a dit que ça faisait au moins dix ans qu'il n'avait pas vu Chizuru. D'après lui, elle était plus ou moins rejetée par l'ensemble de la famille parce qu'elle avait fait des choses pas très reluisantes autrefois. Je lui ai dit de me tenir au courant pour la cérémonie funèbre, mais il ne m'a pas recontacté.

– Ah bon ? Tu lui as demandé son adresse ?

– Oui. Je te la donnerai la prochaine fois. J'aimerais bien qu'on aille au moins sur sa tombe. Tu sais, elle s'est vraiment volatilisée d'un coup.

– Oui. »

J'ai posé une dernière question, qui me trottait dans la tête : « Le feu a pris dans son appartement ? »

Il m'a répondu tout net : « Non, pas du tout. Ça a commencé chez son voisin, un poivrot. Apparemment, il s'est endormi complètement ivre en laissant une bouilloire sur le feu. Et lui, le veinard, il s'en est sorti !

– Je vois. »

J'étais incapable de pleurer. Même maintenant, je n'y arrive pas vraiment. Des remords, j'en ai eu je ne sais combien de fois. J'en ai encore aujourd'hui. Mais chaque fois, je me dis et me redis : « Pour notre relation, il n'y avait sûrement plus rien à faire. Jusqu'à la fin, nous avons été heureuses. » Je ne cesse de me le répéter, comme un exorcisme.

« Vous avez de la chance, moi aussi j'aimerais bien être comme vous. J'ai dû faire fausse route à un moment ou à un autre. »

Alors que je ne lui avais rien raconté de tous ces souvenirs, la femme, comme si elle avait lu en moi, a prononcé ces mots d'un air las. Tout en elle exprimait cette profonde lassitude.

« Il n'est peut-être pas trop tard, ai-je dit. Vous n'avez qu'à retourner dans votre chambre et choisir une bonne fois pour toutes de continuer ou de rompre. Et puis il faut d'abord vous habiller. Vous devez avoir froid, non ?

– C'est peut-être trop tard », a-t-elle répondu. À cause de ses cheveux, je ne voyais pas son visage. « On pensait même mourir ensemble… » Elle n'en a pas dit plus. Elle est restée là, dans un étrange flottement.

« Vous n'allez pas me dire que… », me suis-je écriée.

Elle : « Si c'est le cas, qu'est-ce que vous comptez faire ? Par exemple, je peux l'avoir tué avant de venir vous voir… J'espère que je n'ai pas fait ça, mais enfin… Autre possibilité : on a raté notre double suicide, je suis la seule à me réveiller et lui, il est mort… Je me demande bien laquelle de ces deux versions… »

J'ai hurlé : « Laquelle, laquelle ! ? Mais ça va pas, la tête ! »

Sinon, je crois que j'aurais commencé à avoir une trouille bleue.

« Ça suffit, maintenant ! Il faut passer à l'action. Je vais chercher une clé à la réception ! »

Et, me levant, j'ai saisi la clé de ma chambre. J'avais l'impression que si je l'oubliais, j'allais me retrouver à la porte, comme cette femme… Mais pourquoi cette idée ? Puisque la femme allait rester là, à m'attendre.

Je me suis retournée : elle était assise tristement sur le lit, les jambes pendantes. Elle gardait les yeux fixés au sol. J'ai vu ses belles cuisses et la ligne de ses clavicules.

J'ai pris l'ascenseur et, arrivée à la réception, j'ai appuyé longuement sur la sonnette.

Comme personne n'apparaissait, j'ai insisté. Les couleurs passées du canapé semblaient se détacher dans l'obscurité du hall où seul retentissait le bruit du climatiseur.

Au bout d'un temps interminable, la bonne femme de la réception est enfin sortie de la pièce du fond, avec l'air affreusement revêche de quelqu'un qu'on tire du sommeil.

« Je suis embêtée, parce que la femme qui loge dans la chambre à côté de la mienne est venue me voir, toute nue, en me disant qu'on l'a mise à la porte. Est-ce que vous pouvez me prêter un double des clés de sa chambre ?

– Hein ? »

Je n'avais jamais entendu une voix aussi rogue sortir de la bouche d'un être humain.

« Si vous ne me croyez pas, venez avec moi. »

Si par extraordinaire l'amant de la femme était mort, il était quand même préférable que la dame de l'hôtel soit là.

« Ce n'est pas très flatteur pour cet hôtel, mais ce soir vous êtes ma seule cliente, a-t-elle répondu.

– Comment ? Mais, tout à l'heure, je l'ai bien vue.

– Mmm, alors quel parti prendre ?

– De quoi parlez-vous ?

– Est-ce qu'il vaut mieux sauver la réputation de l'hôtel, ou essayer de rassurer le client ? a-t-elle dit de l'air le plus sérieux du monde.

– Au point où on en est, c'est du pareil au même ! De quoi s'agit-il ?

– Écoutez, je sais ce qui se passe. C'est vrai qu'aujourd'hui, c'est un jour bizarre. Nos ancêtres, ils auraient appelé ça "un jour où les blaireaux * montrent leur nez". On dirait que l'air est lourd, et la nuit trop noire. Mais vous savez, même ces nuits-là finissent par passer. Dites-moi, la femme dont vous parlez, c'est bien celle au peignoir ?

– Tout à fait.

– Il y a des apparitions, ici. Cette femme a essayé autrefois de se suicider dans l'hôtel avec son amant. Elle, elle ne s'est pas ratée. Mais lui, qui était instituteur, a survécu. Il n'avait pas avalé assez de somnifères. Et puis après, il a quitté la ville avec sa femme et ses enfants.

* Le *tanuki* (très exactement : « chien viverrin »), qui apparaît fréquemment dans les contes traditionnels, y est dépeint sous les traits d'un animal rusé, habile dans l'art de la métamorphose. *(N.d.T.)*

– Quelle horreur ! »

Cette histoire commençait vraiment à me casser les pieds.

« Vous savez, dans un vieil hôtel comme celui-ci, on en voit, de ces choses… »

Que répondre à ça ? Je me suis contentée de dire : « Au moins, vous m'assurez qu'en ce moment, il n'y a personne en train d'agoniser dans une chambre ou d'errer dans les couloirs ?

– Oui, oui, soyez tranquille. Et puis ce sera bientôt le matin. S'il y a encore quelque chose, réveillez-moi. »

Sur ces mots, elle a disparu dans la pièce du fond.

Abandonnée dans le hall, j'étais bien obligée de retourner toute seule dans ma chambre. Pour écouter les doléances d'un fantôme ? Ou pour faire encore des mauvais rêves ? Ma marge de choix était plutôt mince.

Alors, j'ai décidé de sortir un instant, de me rafraîchir les idées.

Dehors soufflait un vent violent.

Je me suis dit que les feuilles d'automne, si belles, étaient sans doute en train de s'éparpiller. Dans la montagne toute proche, et aussi là où j'avais vu Chizuru pour la dernière fois.

J'ai levé les yeux vers le ciel.

Les étoiles étaient magnifiques.

Puis j'ai tourné la tête : effectivement, à part la fenêtre de ma chambre et le couloir, tout était plongé dans l'obscurité.

L'image de cette femme à l'air triste m'est revenue à l'esprit.

Soudain, tout devenait clair : c'était sûr, elle avait fait exprès d'avaler plus de somnifères.

À son amant, elle n'en avait fait prendre qu'une petite quantité.

C'était peut-être ce qui lui donnait cet air si perdu.

Comment ai-je fait pour deviner tout ça ? Pourquoi est-ce que je comprenais soudain des tas de choses, cette nuit-là ?

Je suis rentrée, complètement gelée, dans le hall. La dame de l'hôtel était là.

Je lui ai demandé : « Dites, vous n'êtes pas un fantôme, vous au moins ?

– Je ne suis qu'une vieille employée qui travaille ici depuis des années. »

Elle a ajouté : « À cause de vous, je n'arrive plus à me rendormir !

– Je suis désolée. Je vais aller encore prendre un bain.

– Faites attention. Repassez par ici en sortant, je vous attendrai. »

Touchée par sa gentillesse, je me suis dirigée d'un pas léger vers la salle de bains.

5
La pièce aux tatamis

Le bain était toujours plein à ras bord d'eau très chaude ; j'y suis restée longtemps pour réchauffer mes membres gelés.

Puis j'ai jeté un œil à travers la vitre sur la pendule du vestiaire : il était presque quatre heures.

Quelle nuit ! Jamais je n'aurais imaginé que cette chose étrange que j'avais croisée dans la montagne me suivrait jusqu'à l'hôtel. Recrue de fatigue, je sentais le sommeil me gagner au point de ne plus pouvoir garder les yeux ouverts.

« Cette fois, je vais dormir, rien ni personne ne m'en empêchera ! » ai-je pensé en regardant les carreaux de céramique de la salle de bains.

Ces vieux carreaux d'une jolie couleur éveillaient ma nostalgie. Car ils ressemblaient à ceux d'une autre salle de bains, quand toute petite je vivais encore avec mon père et ma vraie mère. Comment aurais-je pu me douter à l'époque que ma vie allait évoluer de cette façon ? Enfant unique d'une famille plutôt banale, je me voyais en grandissant suivre la même voie que la plupart des jeunes filles, qui ne rêvent qu'au mariage. Je ne pensais évidemment pas que ma vie s'en écarterait à ce point-là…

Devenant un peu sentimentale, j'ai continué de regarder fixement les carreaux. Puis j'ai ramené les yeux vers la baignoire : son rebord se composait de mosaïques toutes simples, taillées dans de la pierre très ordinaire.

« L'hôtel lui-même ne vaut pas grand-chose, mais cette salle de bains me plaît bien… » Je me faisais cette réflexion quand, bizarrement, j'ai été prise d'un frisson. Quelque chose en moi me secouait, comme pour m'alerter.

« Qu'est-ce qui se passe ? me suis-je vaguement demandé. Pourtant, la salle de bains, ni trop grande ni trop petite, est tellement agréable avec son côté vieillot, et puis l'eau est de bonne qualité… » Et comme je me sentais de nouveau gagnée par le sommeil, soudain il m'a sauté aux yeux… le caillou noir incrusté parmi les mosaïques en pierre grisâtre du rebord, le seul à se distinguer des autres par sa couleur !

C'était donc ça !

Les choses prenaient une étrange cohérence.

L'hôtel faisait partie d'un cercle invisible.

Par je ne sais quel hasard, un seul de ces cailloux s'était retrouvé ici, ce qui avait déclenché une série d'événements bizarres.

En repensant à l'incendie du restaurant d'udon, je me suis sentie un peu coupable, mais après tout l'hôtel, lui, était resté intact jusqu'à présent. J'ai donc jugé bon de ne pas me mêler de tout ça.

Je ne sais pas si on peut qualifier d'intact un endroit où les fantômes se promènent, où les gens se suicident. Mais dans la mesure où l'incendie du restaurant n'avait pas fait de mort, sans doute les pouvoirs du sanctuaire n'allaient-ils pas si loin.

Je suis sortie doucement du bain, en prenant garde à ne pas poser le pied sur cette pierre, et j'ai fait un crochet par la réception.

« Bonne nuit ! ai-je lancé à la dame de l'hôtel.

– Je vous sers un thé ? Vous ne devez pas avoir envie de retourner dans votre chambre… », m'a-t-elle dit en sortant de la pièce du fond.

Je voulais me coucher le plus vite possible, mais j'avais tellement soif que je me suis laissé tenter.

Longeant le comptoir de la réception, elle m'a fait entrer dans la pièce de derrière.

C'était une pièce de six tatamis, impeccablement rangée. Les rideaux aux motifs de fleurs étaient bien tirés.

Debout devant le petit évier, elle a fait chauffer de l'eau.

La table était ornée de chrysanthèmes d'une blancheur de neige, si splendides qu'ils semblaient déplacés dans ce lieu. Cela m'a mis un peu mal à l'aise, mais il était peut-être délicat d'en parler, alors je n'ai rien osé lui demander.

Elle a dû remarquer le regard que je portais sur le bouquet, car elle m'a dit en me servant le thé : « Ah oui, ces fleurs, vous savez… »

Le thé, très chaud, était excellent.

« Il est délicieux, votre thé.

– C'est que j'ai de la famille à Shizuoka *… »

Elle a enchaîné : « Ces chrysanthèmes, c'est l'homme qui a survécu au double suicide qui me les envoie, chaque année.

– L'amant de la femme-fantôme que j'ai vue tout à l'heure, c'est ça ?

– Oui. Et chaque année, il me demande d'avoir une pensée pour elle. Mais je ne peux tout de même pas mettre ces fleurs à la réception ! Ça ne ferait pas bonne impression. Vous imaginez, des chrysanthèmes blancs… Cela dit, pas question non plus de les mettre dans leur chambre. Alors, je les laisse ici. De toute façon, tous les jours je fais brûler de l'encens pour cette femme.

* La plaine de Shizuoka, à environ cent cinquante kilomètres au sud-ouest de Tôkyô, est réputée notamment pour sa production de thé vert. *(N.d.T.)*

– Ah bon ? »

Et je me suis souvenue du climat de tristesse qui flottait autour de ma visiteuse.

« Les gens disent et répètent qu'ils ont peur des fantômes, mais les êtres vivants sont bien plus terribles ! »

Elle a ajouté : « Vous savez, quand ce couple est arrivé ici, c'était moi qui me trouvais à la réception. Et je peux vous assurer qu'ils m'ont fait une sacrée peur ! Ce soir-là, il y avait quelque chose d'étrange dans l'air, comme aujourd'hui. L'homme, le visage terreux, était couvert de boue. Et la femme, les pieds nus et les cheveux en bataille, était crottée elle aussi. Ils m'ont dit qu'ils avaient traversé la montagne. Ils étaient dans un état lamentable, et il se dégageait d'eux quelque chose d'effrayant, comment vous dire ?... De presque meurtrier. D'habitude, je refuse ce genre de clients, mais la femme avait les yeux rouges et tout gonflés d'avoir trop pleuré, et elle n'arrêtait pas de répéter qu'elle voulait se reposer... J'étais vraiment terrorisée... Je n'ai pas pu les mettre à la porte, et après, ça a été une pagaille sans nom ! Je me demande comment j'ai fait pour ne pas être renvoyée... Mais il faut que je vous dise : dès le départ, la femme était décidée à mourir toute seule. Elle a pris un somnifère très puissant, et elle en a fait boire à l'homme un autre, beaucoup moins fort. Lui, en apprenant ça, il est devenu à moitié fou. Et moi, j'ai compris que ces deux-là s'aimaient vraiment. Que ce n'était pas une simple passade.

– C'est bien ce que je pensais...

– Mais quand même, revenir sous forme de fantôme !... C'est vraiment ce qu'on appelle "rendre le mal pour le bien". »

Puis elle a dit : « De toute façon, l'année prochaine on ferme, alors ça n'a plus d'importance.

– Vous voulez dire que cet hôtel va disparaître ? ai-je demandé, en pensant que c'était mieux comme ça.

– Oui. Parce que le patron vient de mourir. Et il paraît que l'année prochaine son fils va transformer les locaux en restaurant. Vous avez vu la salle de bains ? C'est le patron qui l'a construite de ses mains !

– Ah bon ?

– Elle est jolie, vous ne trouvez pas ?

– Est-ce que le propriétaire a fait venir des pierres de la montagne ? ai-je demandé.

– Pourquoi cette question ?

– Je trouve que les mosaïques sortent de l'ordinaire.

– Mais oui, c'était un original, le patron, il collectionnait les cailloux. Pas les diamants ou les pierres précieuses : les cailloux les plus bêtes qui soient. Rien que de la pierraille.

– Je vois… Mais elle est vraiment superbe, cette salle de bains. »

J'ai pris la peine d'ajouter : « Faites quand même attention ! Il n'y a peut-être pas que des fantômes ici : cet endroit a quelque chose de bizarre.

– Ne vous inquiétez pas : comme je vous l'ai dit tout à l'heure, des nuits étranges, il y en a partout. Mais elles finissent toujours par passer. L'important, c'est de travailler comme d'habitude, et quand vient le matin, tout reprend des proportions normales. Moi, ce qui me fait le plus peur, ce sont les vivants. Comparé à la mine réjouie du fils de mon patron au moment de la mort de son père, tout ça, c'est pas grand-chose. Tenez, une fois, après le passage du couple le plus élégant du monde, mon collègue, en faisant le ménage dans leur chambre, n'a pas pu s'empêcher de vomir. Il s'est demandé quelles cochonneries ils avaient bien pu faire dans cette pièce. Moi, c'est plutôt ça qui m'effraie. »

J'ai trouvé ses propos tout à fait rassurants. J'ai pensé : « Tant qu'il existera des gens comme ça, il n'y a rien à craindre », et j'ai cessé de me faire du souci pour l'hôtel.

« Bon, je vais me coucher. Dormez bien », ai-je dit. Au-dehors, j'entendais vaguement des oiseaux chanter. Le jour allait bientôt se lever.

« Dites, vous ne devez pas avoir tellement envie… de retourner dans votre chambre. Restez donc dormir ici !

– Ah non, quand même…

– Si, si, je vous assure ! La pièce n'est pas grande, mais il y a un autre futon. Allez, c'est mieux comme ça, voyons ! Et puis le fantôme va encore revenir, a-t-elle dit d'un ton léger. Quand le matin viendra, tout sera terminé. Vous n'aurez qu'à monter récupérer vos bagages. »

Je me suis dit : « Quelle idée de dormir avec cette bonne femme dans un réduit aussi peu attrayant, et en plus moyennant finances ! » mais c'était une expérience rarissime, alors j'ai décidé d'accepter son offre.

« Puisque vous insistez… »

Il faut dire aussi qu'avec ma fatigue, même une niche m'aurait convenu.

À quelque distance de son futon, elle en a étendu un autre pour moi.

Dans cette pièce exiguë, au plafond bas, ça sentait bon les chrysanthèmes.

Me glissant dans le futon, je lui ai souhaité une bonne nuit.

« À vous aussi », m'a-t-elle dit, et elle a éteint

le plafonnier, laissant seulement allumées les appliques de la cuisine.

Tandis qu'elle faisait la vaisselle, j'ai sombré d'un coup dans le sommeil.

6
Encore un rêve

J'ai fait un rêve qui avait le relief de la réalité.

Mais s'agissait-il d'un rêve, ou d'une simple réminiscence ? En tout cas, j'avais l'impression d'avoir déjà vécu cela dans le passé. C'était un rêve étonnamment court.

Je me trouvais dans l'appartement de Chizuru, celui qui a brûlé depuis.

Je distinguais les moindres détails, même les taches là-haut, sur le plafond.

Je voyais aussi reluire l'évier en inox de la cuisine, impeccablement lustré.

Au-dehors, les nappes de brouillard étaient si épaisses qu'elles semblaient vouloir pénétrer dans la pièce.

Le ciel était éclairé de lueurs vagues, et le bruit des voitures, assourdi, me parvenait à peine.

À l'étage au-dessus, dans la salle de bains, mes voisins, comme si leur nombreuse progéniture ne leur suffisait pas, s'ébattaient bruyamment pour fabriquer un énième môme.

Je m'écriais : « C'est pas fini, ce raffut ? C'est l'heure de dormir ! »

Je feuilletais distraitement une revue.

À l'époque, je buvais plus que de raison : ce soir-là, lentement mais sûrement, j'avais presque vidé un magnum de saké, et j'étais dans un état d'ivresse avancée.

« Et si on écoutait un peu de musique ? »

Chizuru, qui ne dormait pas la nuit, était toujours ravie quand elle me voyait garder vaillamment les yeux ouverts jusqu'à l'aube.

Elle avait l'air heureuse. Comme une enfant.

Elle a sorti au hasard un disque compact. Elle l'a mis assez fort, mais le son paraissait feutré lui aussi, comme si le brouillard l'absorbait.

Nullement découragés par la musique, les voisins du dessus s'activaient de plus en plus, ponctuant leurs ébats tantôt du bruit retentissant d'une cuvette renversée, tantôt de clapotis, et même parfois de discussions sur l'éducation des enfants. Ils faisaient ça toutes fenêtres ouvertes, apparemment. On se serait vraiment cru aux premières loges.

Je m'exclamais : « Ça alors, quelle santé ! »

À mes yeux brouillés par l'ivresse, Chizuru paraissait transparente. Mais peut-être était-ce plutôt à cause du brouillard, ou de son teint diaphane, ou de sa nature ? Et je me disais que je ne resterais sans doute pas des années avec elle.

Je ne sais pas pourquoi, j'ai pensé qu'un être qui ne dort pas la nuit et qui ne mange presque rien ne pouvait pas vivre bien longtemps.

« Mais moi, je ne déteste pas ça », a dit Chizuru.

Et tendant l'oreille à la fois à la musique et aux bruits qui venaient du haut, elle a ri.

« Les bruits que font les gens me rassurent. On dirait qu'ils jouent au papa et à la maman.

– Justement, tu ne trouves pas qu'ils font un peu trop "papa-maman" ? Si au moins ils mettaient un peu la pédale douce…

– Mais non, pas du tout ! La nuit ils prennent leur bain ensemble, ils discutent de choses et d'autres, ils se frottent le dos mutuellement, et ça finit par leur donner des idées… Et tous les bruits qu'ils font sont pleins de douceur et de vie. »

Chizuru a ri de nouveau.

Mais ce qui me semblait bien plus intéressant, c'était sa silhouette à la fenêtre, sur fond de brouillard et de phares de voitures. On aurait dit qu'elle allait se volatiliser. La voir ainsi m'inquiétait, me faisait peur. Je ne savais plus si elle appartenait à ce monde ou à l'autre. C'était peut-être pour ça que les « bruits de papa-maman » la tranquillisaient, comme s'ils la retenaient sur cette terre.

Jusque-là, il s'agissait d'un mélange de rêve et de souvenirs. J'en étais sûre.

Mais soudain Chizuru, debout de l'autre côté de la vitre, tournait son visage vers moi et me disait : « Tu sais, celle qui est apparue tout à l'heure dans tes premiers rêves, ce n'était pas moi. La vraie Chizuru, c'est celle qui est là devant toi, maintenant que tu dors à côté de cette bonne femme. Hier, tu as vu un petit sanctuaire bien étrange. Mais ce n'est pas grave : ça disparaît avec le jour. Comme tu m'avais l'air dans une mauvaise passe, je suis restée là pour veiller sur toi. »

Ce regard si transparent, c'était bien celui de Chizuru.

Contenant mes larmes, je lui ai dit « merci », et j'ai serré sa main froide.

Je me suis réveillée en sursaut, dans une chambre obscure et minable que je ne reconnaissais pas.

Une faible lueur se devinait de l'autre côté des rideaux.

Mais où suis-je ? Me levant d'un bond, j'ai vu à deux pas de moi la dame de l'hôtel qui ronflait comme un sonneur.

Ses cheveux poivre et sel, ses trous de nez, les motifs criards de son pyjama à rayures… tout cela m'a semblé attendrissant. Au mur, sa tenue de réceptionniste était soigneusement suspendue à un cintre.

Ce sont des gens comme elle qui font tourner le monde.

Rassurée, je me suis rendormie.

Cette nuit allait enfin s'achever.

7
La lumière du matin

Le matin était venu. Je suis retournée dans ma chambre.

Dans la lumière de la belle journée qui s'annonçait, la pièce semblait paisible, si bêtement paisible que je me suis demandé ce qui avait bien pu m'effrayer autant la nuit précédente.

J'ai pris une douche et je me suis rhabillée.

Seule la présence des deux verres rappelait les événements de la nuit. Mais dans les rayons éblouissants qui chauffaient la pièce, ils m'ont paru tout à fait anodins.

Rassemblant rapidement mes affaires, je suis descendue à la réception.

« Merci pour tout.

– Y a pas de quoi. Bonne continuation ! » m'a répondu la dame avec un sourire, et elle m'a fait payer au centime près le tarif normal d'une nuit.

Comme s'il ne s'était rien passé. Et j'ai ri toute seule en murmurant à part moi : « Ça, c'est vraiment ce qu'on appelle une "aventure d'une nuit" ! »

Quand je suis sortie de l'hôtel, la petite ville de province était déjà en pleine activité matinale.

Les boutiques ouvraient l'une après l'autre, des employés s'affairaient à la station-service, une vieille dame balayait le seuil de sa porte.

Au loin les chaînes de montagnes, revêtues de leurs couleurs d'automne, se détachaient sur fond de ciel bleu.

Je me suis demandé à quoi ça rimait, tout ça.

Les résonances de mon dernier rêve vibraient encore en moi.

J'étais heureuse d'y avoir retrouvé la vraie Chizuru. Sans doute n'était-ce possible qu'à l'intérieur de ce temps distordu. Je me suis dit : « En fait, j'avais raison, même les nuits les plus affreuses possèdent leur lot de surprises, même dans la boue je peux trouver de l'or. » Et sortant le plan de ma poche, je me suis dirigée vers la gare.

COUP DUR

1
À propos de novembre

Quand je suis entrée dans la chambre d'hôpital, ma mère, à ma grande surprise, n'était pas là.

Il y avait juste Sakai, assis à côté de ma sœur, en train de lire un livre.

Le corps de ma sœur était branché à toutes sortes de tuyaux. Le bruit effrayant de l'appareil d'assistance respiratoire résonnait dans le silence de la pièce.

Cette scène, j'y étais habituée, parfois je la voyais même en rêve. Mais curieusement, au réveil, je me sentais bien plus abattue que lorsque je me trouvais vraiment devant ce corps inerte.

Dans mes rêves, les visites que je rendais à ma sœur provoquaient en moi des émotions plus fortes que dans la réalité. En fait, pendant le trajet en train jusqu'à l'hôpital, mon corps se préparait peu à peu à cette rencontre, à ce moment où j'allais la revoir sur son lit et la toucher. Mais les rêves, c'était autre chose. Là, ma sœur parlait et marchait normalement. Pourtant, je savais que ce n'était pas vrai : l'image de la chambre d'hôpital restait présente en filigrane. Et comme elle ne quittait pas mon esprit un seul instant, je finissais par ne plus savoir si je dormais ou si j'étais éveillée. J'avais constamment la sensation d'être dans l'urgence, sur le qui-vive. Vue de l'extérieur, je paraissais sans doute très calme. À mesure que l'automne s'avançait, mon visage perdait toute expression, mais quand l'envie de pleurer me prenait, mes larmes se mettaient à couler toutes seules.

Un mois plus tôt, ma sœur avait été victime d'une hémorragie cérébrale : l'accident s'était produit alors qu'elle s'apprêtait à quitter, pour se marier, la société où elle travaillait. Elle venait de passer plusieurs nuits blanches à rédiger les instructions destinées à son successeur. Les hémisphères du cerveau étaient gravement lésés, et le tronc cérébral perdait peu à peu toutes ses fonctions sous la pression de l'œdème. La respiration spontanée, déjà très faible au début, avait fini par s'arrêter complètement. J'avais alors compris qu'une fois tombée dans le coma, une personne pouvait atteindre un stade encore pire que celui de l'état végétatif. Le cerveau de ma sœur était en train de mourir lentement mais sûrement.

Toute la famille s'était mise à chercher des renseignements à ce sujet. C'est ainsi qu'à peine une semaine plus tôt nous avions appris que l'état de ma sœur n'autorisait désormais plus aucun espoir : depuis la mort du tronc cérébral, son corps ne survivait que grâce à l'assistance respiratoire. Du coup ma mère, qui souhaitait qu'on laisse vivre ma sœur même si elle devenait un légume, voyait ce désir réduit à néant. Il ne nous restait plus qu'à attendre le moment où, après constatation de la mort cérébrale, on débrancherait la machine.

La famille s'était donc résignée à l'idée que le miracle n'aurait pas lieu, et depuis, les choses étaient devenues un peu plus supportables. Au début, par ignorance, chacun s'était raccroché aux espoirs les plus infimes : recours aux superstitions, au savoir scientifique, à la prière, sans oublier l'interprétation des paroles que ma sœur prononçait dans nos rêves. Tourmentés en permanence, nous avions ainsi vécu des heures d'enfer. Au sortir de cette période si douloureuse, nous étions enfin parvenus à une sérénité suffisante pour concentrer nos efforts sur un seul but : veiller à ce que ma sœur souffre le moins possible, ne rien faire, et même ne rien penser qui pourrait lui déplaire. Je commençais à comprendre, mais aussi à constater de mes propres yeux, que celle que j'avais connue ne reviendrait plus. Pourtant, quand je sentais la chaleur de ses mains, quand je voyais ses ongles pousser, quand j'entendais son souffle et ses battements de cœur, je me laissais bercer de nouveau par un dernier espoir.

Cet étrange entre-deux, qui allait durer jusqu'au moment où ma sœur quitterait définitivement ce monde, nous donnait à chacun le temps de la réflexion.

Ce matin-là, je venais de reprendre les démarches nécessaires à un voyage d'études en Italie. Ce projet, j'avais dû le mettre en suspens, j'avais même envisagé d'y renoncer en fonction de l'état de ma sœur. Mais la vie recommençait à tourner sans elle. En même temps, dans tout ce qui nous entourait nous sentions sa présence, son souffle ténu.

Le seul qui ne semblait pas atteint par cette histoire était Sakai, le frère aîné du fiancé de ma sœur. Quant à celui-ci, traumatisé par l'événement, il était parti se réfugier chez ses parents. Étudiant à l'École dentaire, il savait fort bien ce que signifiait l'arrêt des fonctions des hémisphères cérébraux. Et la veille, il venait d'accepter de rompre ses fiançailles, comme mes parents le lui avaient suggéré.

Son frère Sakai, pour la simple raison qu'il habitait Tôkyô, s'était proposé de nous relayer auprès de ma sœur. Il n'avait presque aucun lien avec nous, mais il passait pas mal de temps à l'hôpital. Au début, nous avions cassé du sucre sur son dos, disant qu'il voulait racheter ainsi l'attitude déplorable de son frère. Or, ce n'était manifestement pas le cas : il ne se faisait pas prier pour venir et s'amusait même à faire du charme aux infirmières. J'avais l'impression qu'il s'était assez vite habitué à cette situation traumatisante. En tout cas, c'était quelqu'un d'insaisissable.

Son passé était entouré de mystère, mais lui et son frère n'avaient pas eu la vie facile – du moins, d'après ma sœur. Si je me souviens bien, elle m'avait raconté que leur père était mort des suites d'une longue maladie et que leur mère avait dû les élever seule tout en travaillant comme infirmière en chef.

Chaque fois que je me rappelais le temps où ma sœur parlait encore, j'avais l'impression qu'une membrane venait m'envelopper. Elle parlait beaucoup, d'une voix fluette au timbre aigu. Quand on était enfants, l'une de nous deux s'arrangeait toujours pour émigrer avec son futon dans la chambre de l'autre, et on bavardait jusqu'à l'aube. On se jurait que plus tard on habiterait, elle ou moi, une maison avec lucarne. Ainsi on pourrait continuer nos bavardages en contemplant les étoiles au ciel. C'était une jolie promesse. Dans notre rêve, la vitre de la lucarne miroitait d'un éclat noir, les étoiles scintillaient comme des diamants, l'air était d'une grande pureté. Et les deux sœurs parlaient indéfiniment, sans se lasser, sans même imaginer que le matin allait revenir.

Ma sœur avait un côté « petite fille qui vit dans les contes de fées », mais en amour, elle était d'une audace terrifiante. Elle avait souvent des idées saugrenues. Elle m'annonçait par exemple : « Je vais me faire tatouer les initiales de mon petit ami.

– Mais arrête ces bêtises ! Ça servira à quoi ? À limiter ton choix, c'est tout ! Après ça, tu ne pourras fréquenter que des garçons qui auront les mêmes initiales…

– Qu'est-ce que tu racontes ?

– Écoute, si tu te fais tatouer le *N* de Nakazawa, par exemple, ensuite tu seras condamnée aux *N* toute ta vie. Si tu ne tombes que sur des *N*, tant mieux. Sinon… comment est-ce que tu vas t'en tirer ?

– Mais tu m'embêtes avec tes raisonnements ! Laisse-moi ! Je ne fréquenterai personne d'autre. C'est tellement romantique de se marier avec son premier amour, tu ne trouves pas ? Je te parie que j'y arriverai !

– Et moi je te dis que c'est impossible, alors arrête, à la fin ! »

La nuit, nous passions des heures à débiter ce genre de sottises. C'était l'époque où, même sans lucarne au plafond, nous étions capables, grâce à notre imagination, de voir une myriade d'étoiles dans le ciel.

Juste après l'accident cérébral de ma sœur, cette membrane que je sentais dès que je pensais à elle disparaissait en se diluant dans la chaleur de mes larmes. Mais à présent, je n'arrivais même plus à pleurer. C'est dire combien je me débattais, de tout mon être, pour accepter la situation. Et la membrane, faite de tous les souvenirs de ma sœur, m'enveloppait en permanence.

J'ai demandé à Sakai : « Où est ma mère ? »

Ayant quitté la maison de mes parents pour vivre seule, je préparais une maîtrise de littérature italienne à l'université. Après l'accident de ma sœur, je m'étais dit : « Si jamais elle devient un légume, je ne pourrai plus compter financièrement sur mes parents. » Et comme j'avais besoin de me changer les idées, je prenais tous les petits boulots qui se présentaient. Le temps filait à un rythme répétitif : entre l'hôpital, le bar où je travaillais la nuit et l'université, je dormais à peine quelques heures, je sautais deux repas sur trois. Et je découvrais qu'avec ce changement de mode de vie, l'argent commençait à s'entasser comme par enchantement. À tel point que j'allais bientôt pouvoir me payer mon voyage d'études en Italie.

Toutes ces occupations ne me laissaient guère le temps de passer chez mes parents. Chaque jour on se parlait au téléphone ou on se retrouvait à l'hôpital, mais j'avais du mal à imaginer l'ampleur de la souffrance de ma mère. C'était elle à présent qui semblait sur le point de s'écrouler. Quand j'arrivais à l'hôpital, elle était toujours là dans la chambre, en train de lire des revues, de passer un gant sur le corps amaigri de ma sœur, de la déplacer pour lui éviter les escarres, ou encore de discuter avec les infirmières. Elle paraissait calme, mais pour peu qu'on se trouve près d'elle, la tempête qui la secouait était bien perceptible.

Sakai m'a répondu : « Apparemment, elle est un peu grippée. »

Je lui parlais toujours d'un ton familier, comme à un copain, même si en fait il avait plus de quarante ans.

Son métier était lui aussi assez spécial. Il était maître d'une branche particulière de taï-chi-chuan, et il enseignait dans son *dôjô* la théorie et la pratique de cette discipline. Dans mon entourage, personne à part lui n'exerçait une activité aussi douteuse. Pourtant il était auteur de plusieurs livres et il avait de vrais élèves dont certains venaient même exprès de l'étranger. Je découvrais donc que tout cela constituait une profession à part entière.

Il me plaisait bien. Il m'avait plu d'emblée. Ses cheveux longs qui lui donnaient l'air d'un marginal, ses yeux à l'éclat étrange, la doctrine hermétique qu'il enseignait, ses réactions inattendues… tout cela faisait de lui un original, voire un excentrique.

J'avais toujours eu un faible pour ces gens-là – mon premier amour, un garçon nommé Tôru, avait eu le cran d'avaler des têtards devant tout le monde – et de ce fait Sakai possédait toutes les qualités qu'il fallait pour m'attirer. C'était peut-être pour ça que ma sœur n'avait jamais voulu me le présenter. Aidée par sa redoutable intuition féminine et me connaissant à fond, elle avait dû prendre cette mesure à cause de la personnalité insaisissable de Sakai. C'est donc après son hospitalisation que nous nous étions enfin rencontrés.

Le jour où il était entré dans la chambre pour la première fois, je me trouvais dans un état de surexcitation dû à mon extrême fatigue, et dès que je l'ai vu, je me suis dit : « Il est vraiment pas mal ! » Mais préoccupée comme je l'étais par la maladie de ma sœur, j'avais repoussé cette pensée. D'ailleurs, je suis assez douée pour me contrôler. Même si je ne déteste pas cultiver en moi un certain vague à l'âme, je suis capable, dès que mon cœur commence à battre plus vite, de me persuader qu'il n'en est rien. Souvent, ma sœur me faisait remarquer : « Ça prouve bien que dans le fond tu n'es pas amoureuse. » Et elle ajoutait : « Tu sais, quand on aime vraiment, on souffre, on a le cœur gros, on ne peut pas lutter contre ses sentiments et on a envie d'aller jusqu'au bout, même si quelqu'un doit en mourir. Et parfois, on cause des ennuis à son entourage. » Mais bon… La tonalité de cette déclaration laisse à penser qu'à l'époque, elle devait avoir une liaison avec un homme marié.

Dans ces moments-là, je la regardais avec une pointe d'envie. Et si c'était elle qui devait mourir dans l'histoire ? Aurait-elle continué à me pousser vers la grande passion ? J'essayais toujours, tant bien que mal, de lui donner la réplique : « Toi, tu as un cœur d'artichaut ! Au fond, la plus passionnée des deux, c'est peut-être moi ! »

Mais j'aimais vraiment ces moments où se marquaient nos différences de caractère.

Pour revenir à Sakai, la douleur qui me submergeait à l'époque m'avait même fait oublier mon attirance pour lui.

Or, ce jour-là, pour la première fois depuis longtemps, j'avais l'esprit un peu plus disponible. Signe que j'étais déjà engagée dans un processus de renoncement par rapport à ma sœur.

« En novembre, le ciel semble toujours très haut, on dirait qu'il est triste, a dit Sakai. Et toi, tu préfères quel mois ?

– Novembre.

– Ah bon… Pourquoi ?

– Parce que le ciel semble très haut, on dirait qu'il est triste et abandonné, et j'ai le cœur qui bat très vite, j'ai l'impression que je deviens plus forte. Je sens dans l'air une sorte d'énergie, et en même temps je suis en attente, j'attends l'arrivée du véritable hiver.

– C'est pareil pour moi.

– Oui. J'aime beaucoup novembre.

– Moi aussi. Au fait, tu veux une mandarine ?

– C'est déjà la saison des mandarines ?

– Non, un autre fruit en "ine", j'ai oublié lequel. Ta mère m'a dit que ça venait de quelqu'un de ta famille.

– Je me demande bien qui… Ma tante de Kyûshû, sans doute.

– Je ne sais pas.

– J'en veux bien une. Elles sont où ?

– Ici. »

Et, se retournant, il a pris un fruit rond dans le panier posé sur la télévision. Une télévision que les visiteurs étaient les seuls à allumer. Ma sœur ne la regarderait plus, elle ne verrait plus son chanteur favori, Nakai, du groupe Smap.

« Ah, c'est le fruit préféré de ma sœur ! »

Chaque année, elle attendait avec impatience l'arrivée de cette variété de mandarine.

« Alors, on va la lui faire sentir ! »

Prenant un autre fruit dans le panier, il l'a coupé en deux et l'a approché du visage de ma sœur. Une délicieuse odeur, douce et acide à la fois, s'est répandue dans la pièce et, soudain, j'ai eu comme une vision.

Dans la lumière de l'après-midi, ma sœur se redressait en souriant et s'écriait de sa voix cristalline : « Ça sent bon ! »

Bien sûr, cela ne s'est pas vraiment passé, ce n'était qu'un rêve éveillé. Devant moi ma sœur, le teint grisâtre, continuait de dormir au milieu de tout un bruitage d'appareils. Pourtant, la scène suscitée par cette odeur était si réelle, et le sourire de ma sœur si vivant, que j'ai fondu en larmes.

« Tu l'as vue ? m'a dit Sakai, les yeux écarquillés, sans se préoccuper de mes pleurs.

– Je crois que oui. »

J'ai ajouté : « À ton avis, elle garde encore un reste de conscience ?

– Non, certainement pas. »

Claire et nette, sa réponse m'a étonnée.

« Cette scène, c'est grâce aux mandarines qu'on a pu la voir. Elles se souviennent de l'amour que Kuni-chan leur portait, c'est pour ça qu'elles ont ressuscité pour nous une brève image d'elle. »

Je me suis demandé s'il avait vraiment toute

sa tête. Mais l'instant d'après, il m'a lancé : « Le monde est vraiment merveilleux ! », avec un si beau sourire que, sentant de nouveau comme une explosion en moi, j'ai éclaté en sanglots.

Mon nez coulait comme une fontaine, je hoquetais ; la tête enfouie dans les draps, je n'en finissais pas de pleurer. J'étais incapable de m'arrêter. Je n'avais qu'une envie : retrouver ma sœur, et je me fichais bien de savoir si le moyen, en la circonstance, serait une mandarine ou une tangerine.

Sakai n'a pas dit un mot jusqu'à ce que je me calme.

« Je vais y aller. Excuse-moi d'avoir pleuré.

– Moi aussi, je vais rentrer, a-t-il dit en se levant.

– Mais si on part ensemble, ma sœur sera peut-être jalouse, elle va se sentir abandonnée.

– Bon, alors attends-moi en bas, au kiosque. »

Et quand nos regards se sont croisés, je me suis rendu compte de quelque chose de terrible : il était amoureux de moi. C'était donc ça !

À vrai dire, cela m'a fait très plaisir.

Mais inutile de s'emballer, d'abord ce n'était pas le moment, et de toute façon j'allais bientôt partir pour l'Italie.

Au-dehors, le ciel était bleu ; autour du kiosque se pressait une foule de malades et de visiteurs.

Curieusement, personne n'avait l'air soucieux. Tous étaient souriants, même ceux qui semblaient assez mal en point. Au soleil il faisait très doux, les boissons alignées sur le comptoir mettaient l'eau à la bouche, tout le monde paraissait heureux. Je me suis dit que pour des gens affaiblis, l'hôpital était certainement un lieu plein de douceur.

J'ai bientôt aperçu Sakai, qui se dirigeait vers moi.

À qui pouvait-il bien faire penser ? Pas à un yakuza, ni à un employé de bureau… À un créateur d'entreprise ? Non, pas vraiment. Plutôt… mais oui ! À un dessinateur de manga. Ou bien à quelqu'un qui enseigne le mouvement régénérateur. Il m'a rejointe au moment où je me faisais ces réflexions.

« Si on allait prendre un thé ? m'a-t-il dit.

– J'ai envie d'un café bien serré.

– Je connais un endroit sympathique, pas très loin d'ici.

– Allons-y à pied. »

Et nous nous sommes mis à marcher. Comme si nous avions l'habitude depuis longtemps de nous promener ensemble. Pourtant, c'était la première fois que nous nous trouvions seuls tous les deux. Dire que si ma sœur n'avait pas eu cet accident, je n'aurais sans doute jamais rencontré cet homme aux côtés de qui je marchais à présent, au sortir de l'hôpital. Ça me semblait quand même étrange. Dans la vie, on ne sait jamais ce qui peut arriver. Avec mes paupières gonflées, tout me paraissait flou. Verser autant de larmes en l'espace de quelques minutes, je crois que ça ne m'était pas arrivé depuis que j'étais bébé.

Très loin au-dessus de nos têtes, le ciel avait une transparence particulière et les feuillages jaunissaient peu à peu.

Je sentais flotter dans le vent une douce odeur de feuilles mortes.

« À présent, il va faire de plus en plus froid, ai-je dit.

– C'est vrai. Je ne me lasse pas de la beauté de cette saison. »

Un jour, ça allait fatalement arriver.

Je lui ai demandé : « Qu'est-ce que tu penses de l'attitude de ton frère ?

– Je trouve que c'est bien lui, il est d'un naturel peureux, il change tellement peu que c'est presque touchant. Ce qui me préoccupe, c'est son avenir de dentiste quand il reprendra le cabinet de mon père. Mais il est gentil, adroit de ses mains et en bonne santé, alors il va certainement s'en tirer. Par contre, si un trouillard comme lui avait voulu devenir chirurgien, je m'y serais sûrement opposé… »

J'apercevais derrière lui des branches dénudées. On était encore en novembre, mais elles tendaient déjà vers le ciel leurs bras squelettiques. Le regard de Sakai me rassurait. Il brillait d'un éclat intense et profond, et paraissait prêt à tout pardonner.

« C'est vrai, je l'ai trouvé un peu trouillard moi aussi.

– Oui, mais justement, c'est parce qu'il ne sait pas mentir qu'il s'est enfui. Je pense qu'en ce moment il ne peut même plus avaler une bouchée, il doit passer tout son temps à pleurer. Mais bientôt, il va se ressaisir, et je suis sûr qu'il sera là au moment de la mort de ta sœur. »

Il a ajouté : « C'est vrai qu'il ne vient pas lui rendre visite, et il a même accepté l'annulation de ses fiançailles, mais moi, je ne veux pas le blâmer pour autant.

– Moi non plus. Et je crois que ma sœur serait du même avis.

– Chacun réagit à sa façon.

– C'est vrai, d'ailleurs je ne vois pas de quel droit je le jugerais, puisque moi aussi je prépare mon avenir. Dans le fond, mon attitude n'est pas si différente de la sienne. Mais j'aimerais bien qu'il vienne au moins aux funérailles.

– Avec sa droiture, il viendra sûrement.

– Si ma sœur n'avait pas été si gravement atteinte, tu crois que ton frère serait resté, et qu'il lui aurait quand même proposé de l'épouser ?

– Sans doute, mais ce n'est qu'une supposition. De toute façon, la question n'est pas là. L'accident de ta sœur nous a projetés en marge du temps, et dans cette étrange parenthèse, on se bat pour prendre des décisions. Mais en fait je pense que Kuni-chan, de son côté, est déjà en train de faire ses adieux à ce monde. »

Je le savais bien. Le jour où, venant d'entreprendre des démarches pour partir en Italie, je m'étais forcée à rouvrir mes livres d'italien couverts de poussière, aussitôt le temps arrêté s'était remis à couler, et j'avais senti mes émotions refluer.

Ce n'est pas la mort qui est triste, c'est l'atmosphère qui l'entoure.

Et avec l'accident, ce choc.

Il était resté figé, comme un caillot, au fond de mon cerveau. Il n'y avait rien à faire pour le dissoudre. Parfois je croyais retrouver mes forces mais, dès que l'image de ma sœur me revenait à l'esprit, cette belle confiance disparaissait.

Ce matin-là, ma sœur est entrée dans la cuisine, une main pressée contre son front.

J'étais venue chez mes parents la veille au soir pour y passer quelques jours, et je buvais un café dans le salon.

« Tu en veux un aussi ? » lui ai-je demandé. Elle m'a répondu d'une voix étrangement douce : « J'ai un affreux mal de crâne, alors il ne vaut mieux pas. »

Je me suis sentie un peu mélancolique à l'idée qu'elle allait bientôt se marier et que, plus tard, quand son mari retournerait en province pour succéder à son père, elle s'installerait encore plus loin d'ici.

Alors on ne pourrait plus parler ensemble de la lucarne, jamais ce rêve ne se réaliserait.

Soudain les souvenirs de notre enfance m'ont envahie, en un tourbillon où tout se mêlait, l'air de ce temps-là, les odeurs, la vision des magazines empilés près de nos lits. Rien que des moments de joie, auxquels je repensais avec un pincement au cœur.

J'ai sorti d'un placard une tisane contre les maux de tête et je lui en ai préparé une tasse. Me remerciant d'un joli sourire, elle l'a bue avec deux cachets d'aspirine.

Je n'ai rien pressenti. Sinon, je l'aurais dissuadée d'aller travailler.

Elle portait le même pyjama, avait la même coiffure que d'habitude.

On ne vit que l'instant présent. Alors pourquoi le temps qui s'écoule semble-t-il si triste ? Je me souviens de ces nuits où ma sœur, un peu rêveuse et toujours prête à s'enticher d'un garçon, m'entraînait jusque sous les fenêtres de son premier amour. On marchait dans les rues, avec chacune dans l'oreille l'un des écouteurs du même walkman, qui ressassait les morceaux qu'on adorait à l'époque. Le garçon dont elle était amoureuse ne m'intéressait pas du tout, mais quand on arrivait devant son immeuble, il me suffisait de lever les yeux vers sa fenêtre éclairée pour sentir mon cœur se serrer. Il y avait toujours des étoiles au-dessus de nos têtes. Lorsqu'on marchait, de la musique plein les oreilles, l'asphalte de la route semblait se rapprocher. Même les phares des voitures nous paraissaient beaux. On était encore des gamines, mais parfois on se faisait draguer, parfois on tombait sur un exhibitionniste, et la sensation du danger nous grisait. Mais à deux, nous n'avions peur de rien.

En un flot ininterrompu, tous ces souvenirs jaillissaient du bloc rigide qui les enfermait.

La mort n'est pas triste. Ce qui est douloureux, c'est d'être submergé par les émotions au point de ne plus pouvoir respirer.

Je voulais échapper au ciel si haut de l'automne.

« Mais qu'est-ce que tu m'as fait ? Mes larmes n'arrêtent pas de couler.

– Je plaide non coupable », a-t-il dit. En serrant ma main dans la sienne.

La chaleur de sa paume m'a rendue encore plus sentimentale.

« Aujourd'hui, c'est la fête des larmes, pleure tant que tu veux ! »

Je lui ai demandé : « Tu étais amoureux de ma sœur ?

– Non, c'est pour me rapprocher de toi que je suis venu lui rendre visite. »

Sa réponse m'a fait rire.

« Quel dommage ! Je vais partir en Italie.

– C'est vraiment dommage. »

Mais comme il n'avait pas l'air déçu du tout, je ne pouvais pas savoir s'il disait vrai.

« Tu connaissais bien ma sœur ?

– Évidemment !

– Parle-moi un peu d'elle.

– D'accord, a-t-il acquiescé aussitôt.

« À une fête d'étudiants, mon frère avait rencontré une fille, il avait noté son numéro de téléphone sur un bout de papier qu'il a glissé dans son agenda. Il est rentré chez lui, Kuni-chan l'attendait, et quand elle a vu le papier tomber du carnet, elle a tout de suite compris, et devant lui elle a déchiré l'agenda en mille morceaux.

– Qu'est-ce que c'est que cette histoire ?

– Ce soir-là, je devais dormir chez mon frère et j'ai assisté à la scène. Il y avait de l'électricité dans l'air, je me suis dit que ça promettait de la dispute pour la nuit, alors je me suis couché avant eux en me bouchant les oreilles. Mais j'ai découvert que Kuni-chan n'était vraiment pas rancunière. Parce qu'après elle s'est comportée tout à fait normalement. Sans se forcer, sans faire comme s'il ne s'était rien passé. Elle était naturelle. Et pour la première fois, je l'ai trouvée belle. Jusque-là, je la considérais comme quelqu'un de banal, sauf qu'elle m'impressionnait un peu quand elle se mettait en colère. Et là, ils parlaient tous les deux de façon adorable. Je les entendais dire par exemple : "Qu'est-ce qu'on va manger demain ?" ou bien : "On va préparer quelque chose de bon pour ton frère", ou encore : "Veux-tu que j'achète du pain dans cette boulangerie qui vient d'ouvrir à côté du parc ? À moins qu'on aille tous les trois manger dehors, c'est vraiment bien, les dimanches…", et ils parlaient tout bas pour ne pas me réveiller.

– J'imagine bien. C'est tout à fait ma sœur », et sur ces mots, mes larmes ont recommencé de couler.

« Comment se fait-il que je pleure autant, aujourd'hui ?

– Ce n'est pas de la tristesse, c'est le choc. Maintenant qu'on approche de la fin, le choc que tu as subi ce jour-là revient. Il faut toujours du temps ; mais je crois que tu ne t'y habitueras jamais vraiment.

– Pourquoi est-ce que tu comprends tout ?

– Parce qu'il s'agit de toi.

– Merci, même si tu mens. »

J'aurais tellement voulu que cette conversation ait lieu à un autre moment, en d'autres circonstances. Dans l'immédiat, j'avais surtout besoin d'espace et de temps. Mais sa nonchalance à lui avait quelque chose de reposant qui m'évitait de trop penser à tout cela.

Nous sommes entrés dans le salon de thé. Il n'y avait personne.

Attablés près d'une fenêtre, nous avons pris un café. Tout était naturel, hormis la vie en suspens de ma sœur. Elle imprégnait mon univers, comme un rêve qui tombe sans bruit, goutte à goutte. Et le problème, c'est que cela n'avait rien de désagréable pour moi. J'aurais même souhaité que les choses restent toujours ainsi. C'était moins dur que de penser qu'elle allait disparaître de ce monde.

« C'est vrai que la situation de Kuni-chan est terrible, mais qui peut prétendre qu'elle est malheureuse pour autant ? » a dit Sakai, et il a continué : « Elle est la seule à savoir ce qu'elle ressent vraiment. Ce n'est pas aux autres d'y penser à sa place. J'ai l'impression que plus on y pense, plus on lui enlève ses forces.

– Je suis de ton avis. On s'entendait très bien toutes les deux, on a toujours été heureuses ensemble. Maintenant, je crois que c'est le moment le plus dur. Ma mère n'est pas abattue à cause de la grippe, elle est sur le point de craquer. Mais je suis sûre qu'un jour on va se retrouver dans un autre climat. Un bon climat, si différent qu'en regardant ce paysage par la fenêtre, maintenant, on ne peut même pas s'en faire une idée. Mais j'en ai assez de cette attente. Parce qu'au début j'ai tellement attendu qu'un miracle se produise…

– C'est tout à fait normal que tu en aies assez, m'a dit Sakai en hochant la tête. On est encore sous le choc. Même moi, qui n'étais pas très proche d'elle. Même les mandarines. On est tous affectés par l'absence de Kuni-chan.

– Finalement, ce qui nous arrive n'a rien d'exceptionnel. Des tas de gens, dans le monde, vivent la même chose en ce moment même. À l'hôpital aussi j'en ai rencontré beaucoup. J'ai parlé avec eux, j'ai vu comment chacun, à sa manière, essayait de trouver une réponse. Jusqu'à présent, j'étais passée complètement à côté de ce monde-là.

– C'est vrai. Et eux aussi, ils voient certainement les choses sous le même angle que nous. Mais quand on n'est pas dedans, on peut vivre sans même se douter que ces gens existent. De toute façon, qu'on en ait conscience ou non, il se passe tellement de choses…

– Et toi, de quel côté tu te trouves ?

– Moi, j'attends que les choses arrivent pour me mettre le nez dedans », a-t-il répondu.

Pour la première fois, j'ai ri franchement.

Et en riant, j'ai oublié tout le reste.

Les fenêtres donnaient sur une rue commerçante, d'où une musique inconnue venait couvrir celle de Mozart qui résonnait dans le café.

Plus d'horizon pour ma sœur, plus d'espoir, plus de miracle. Privée de conscience, elle était sur le point de quitter ce monde, le corps encore tiède, en nous accordant un peu de temps. Dans ce laps de temps, j'avais pu rire. Dans ce bref instant d'éternité et de beauté, ma sœur était bien présente. Autrefois, aurait-on pu imaginer qu'un jour le corps et le cerveau mourraient chacun de son côté ?

Cette mort différée n'était plus l'affaire du mourant lui-même mais celle de son entourage, car elle lui laissait un sursis, afin de réfléchir à des questions qui d'ordinaire ne lui venaient pas à l'esprit.

Or, plus on s'enfonçait dans l'insupportable, plus ce temps privilégié se dégradait.

Voilà pourquoi les instants de beauté qui naissaient dans les interstices du temps me semblaient de véritables miracles. Là s'effaçaient l'insupportable et les larmes, là je discernais de nouveau la grandeur de l'univers en mouvement : instants fugitifs, où je percevais l'âme de ma sœur.

« Tout cela, Sakai le comprend bien », ai-je pensé, tandis que mon affection pour lui se renforçait. Dans mon cas, l'amour et l'imprévu vont toujours de pair. J'aime les gens qui, par leurs idées saugrenues, me surprennent au moment où je m'y attends le moins. Même quand je suis vulnérable et flapie, cela reste vrai.

« C'est bien un soir de novembre, il y a une odeur de fin d'automne, a dit Sakai en regardant par la vitre.

– Il ne nous reste plus qu'à essayer de vivre le plus joyeusement possible.

– Oui, joyeusement, sans se forcer.

– Ma mère aussi m'a dit ce matin : “Si on continue à se laisser aller au chagrin, ta sœur va s'éloigner de nous.”

– Elle a dû faire un sacré chemin en peu de temps pour arriver à dire ça ! »

On apercevait les branches des arbres qui bordaient la rue. Un groupe de jeunes s'amusaient à fouiller dans les bacs d'un stock de vieilles fringues. Juste à côté, chez le marchand de primeurs, les couleurs des kakis, des salsifis, des carottes, brillaient d'un bel éclat à la lumière des ampoules électriques. On ne se lassait pas de les regarder, toutes ces couleurs créées par les dieux.

Un mois auparavant, comment aurais-je pu imaginer que je retrouverais un jour assez de sérénité pour admirer ainsi la beauté des légumes tout en sirotant un café ? Les choses sont vraiment imprévisibles. Chacun de nous se préparait à accompagner ma sœur durant les dernières heures de sa vie. D'ailleurs, nous n'avions pas d'autre choix que de suivre cette voie. De même que l'automne s'avance sans bruit pour laisser bientôt place à l'hiver, nous allions notre chemin, inéluctablement.

2
Les étoiles

Un jour, en fin d'après-midi, je me suis rendue au bureau de ma sœur. Là, les paroles de réconfort de ses collègues – des inconnus au visage ruisselant de larmes – m'ont littéralement atterrée, mais en fait je ne comprenais que trop bien ce qu'ils éprouvaient.

Alors que je mettais de l'ordre dans les affaires de ma sœur, la fille qui avait son bureau à côté du sien a éclaté en sanglots : « Vous avez exactement les mêmes mains ! » « À poil aussi, on se ressemble comme deux gouttes d'eau », ai-je répondu. Mais loin de la faire rire comme je l'espérais, cette boutade l'a mise dans un tel état qu'elle est repartie chez elle en pleurant, sans terminer sa journée.

Tout le monde se collait à moi, comme dans une cérémonie funèbre. Je pouvais le comprendre, mais ça m'a fait quand même un drôle d'effet. Je me suis rendu compte aussi que ma sœur était appréciée pour sa gaieté, son ardeur au travail, et qu'elle s'y connaissait très bien en informatique. Et elle était si organisée que je n'ai presque rien eu à ranger.

Dans son casier métallique, j'ai trouvé des objets plutôt incongrus sur un lieu de travail :

d'énormes chaussures de ski, un snow-board – elle venait tout juste de commencer ce sport.

J'ai enregistré ses e-mails sur une disquette et, au moment où j'effaçais de son disque dur tous ses documents privés, je n'ai pas pu m'empêcher de pleurer. L'un de ses collègues, qui me donnait un coup de main, a lui aussi fondu en larmes. Dans le secrétariat où ma sœur travaillait, j'ai donc dû partager plusieurs kleenex avec un parfait inconnu. Cette opération m'a rendue bien plus triste que les pupilles dilatées de ma sœur, maintenue en vie par des machines. Comme je le disais à ce garçon, il m'a répondu, toujours en pleurant, qu'il comprenait, et que c'était aussi très pénible pour lui parce que ma présence lui rappelait tellement ma sœur. Et il a ajouté : « Votre voix, vos gestes, tout cela me fait sentir qu'elle n'est plus là. Vous vous ressemblez tellement… »

Je ne connaissais pas grand-chose de la vie professionnelle de ma sœur. Sauf qu'elle était secrétaire de direction.

Mais je constatais que la disparition d'une personne tout à fait ordinaire provoquait bien des remous chez ses collègues. Et que cet événement laisserait à jamais des traces. Finalement, le monde n'était pas si moche. Si seulement j'avais pu m'écrier : « C'est son entreprise qui a tué ma sœur ! » Mais ce n'était pas dans mon caractère. Et, de toute façon, je savais bien que les vraies responsables, c'étaient ma sœur elle-même et sa malchance. Je ne pouvais donc passer ma colère sur personne. Alors, seule demeurait en moi la présence lumineuse et discrète que ma sœur avait laissée derrière elle. Peut-être s'était-elle dévouée tout entière pour éviter des tracas aux gens qu'elle aimait… Ce n'était la faute de personne. Et puis la société ne fait pas de cadeau. Quand quelqu'un s'échine à préparer le terrain pour son successeur, elle ne vient pas lui dire : « Vous feriez mieux de rentrer vous reposer, sinon vous risquez l'hémorragie cérébrale ! »

Les yeux rougis d'avoir trop pleuré, je finissais les rangements quand mon père est arrivé pour saluer le P.-D.G. et les supérieurs de ma sœur.

Après avoir remercié l'ensemble du personnel, nous nous sommes fait aider pour descendre toutes les affaires dans le parking du sous-sol. Ils étaient là, en complet-veston, ces employés prévenants que nous ne reverrions plus jamais. Nous avons fourré tant bien que mal les bagages dans le coffre et j'ai adressé à tout le monde un signe d'adieu. Je ne connaissais presque personne mais soudain, curieusement, j'ai cru que c'était moi qui avais travaillé longtemps dans ce bureau et qui le quittais pour aller me marier.

Une fois que l'auto a démarré, j'ai demandé à mon père : « Pourquoi tu as pris la petite voiture ? Je t'avais pourtant dit de venir avec la fourgonnette !

– C'est ta mère qui l'a prise pour aller à l'hôpital. Elle est perturbée à cause de la fatigue, alors elle a dû monter dedans sans réfléchir. Quand je suis descendu au parking, il ne restait que celle-ci. Que voulais-tu que je fasse ? »

À cause des bagages de ma sœur, j'étais coincée dans une position bizarre sur le siège avant.

Sous cet angle, les lampadaires de la ville semblaient me serrer de près. Avec le ciel plein d'étoiles, cela faisait un beau spectacle. J'avais l'estomac un peu barbouillé, mais l'expérience était plutôt excitante, et supportable à condition de ne pas durer trop longtemps.

« Ça n'a pas d'importance.

– Arrête de me parler comme ça, la tête en bas, m'a dit mon père.

– Je suis bien obligée. Je peux poser la tête sur tes cuisses ?

– Si tu veux.

– J'ai l'impression de redevenir une petite fille. »

Les cuisses de mon père étaient aussi fermes qu'autrefois.

« Je t'interdis de bander parce que la tête d'une jolie fille repose sur tes genoux !

– Comment oses-tu sortir une obscénité pareille à ton père ? »

Les étoiles étaient splendides. Les rues défilaient à toute allure.

« Tu sais, on va bientôt débrancher l'assistance respiratoire », a-t-il dit, à peu près du même ton qu'il m'avait annoncé autrefois : « Pochi est mort. » Pochi était son chien préféré, on l'avait eu à la maison pendant des années. Ça montrait bien la profondeur de sa tristesse.

« Comment est-ce qu'on en est arrivés là ? On dirait un mauvais rêve », a-t-il ajouté.

Un mauvais rêve.

« C'est exactement ça », ai-je répondu.

Et nous avons plongé tous les deux dans le silence. Je respirais l'odeur du pantalon de mon père. Et pour tout arranger, le parfum de ma sœur, qui s'échappait de ses bagages, flottait aussi dans la voiture.

J'ai décidé que, désormais, je porterais ce parfum-là. J'avais l'impression que ma sœur était assise derrière moi, comme autrefois, dans notre enfance. À l'époque où nous allions souvent nous balader en voiture avec mes parents.

Ma sœur, qui aimait jouer les grandes personnes, avait commencé à utiliser ce parfum de Guerlain dès le début de son adolescence.

« Est-ce que tu sors avec ce type ? m'a demandé abruptement mon père, me ramenant ainsi, d'un coup, à la réalité.

– Quel type ? Le gros patapouf avec qui je pleurais tout à l'heure, dans le bureau de Kuni-chan ?

– Mais non ! Je te parle de cet individu douteux...

– Sakai, tu veux dire ? Tu n'y es pas du tout. »

J'ai ajouté : « Et puis ce n'est pas juste, ce que tu dis là. C'est quelqu'un de bien.

– Mais si jamais tu te retrouvais mariée avec lui, j'aurais encore à supporter les visites de son trouillard de frère, qui va prendre ses aises avec nous. La moutarde me monte au nez rien que d'y penser !

– Tu exagères. De toute façon, pour le moment on n'en est pas encore là. Mais je t'assure que c'est quelqu'un de formidable. Je le pense vraiment. Et puis même son frère... Après tout, c'est un garçon que ma sœur a aimé, alors évitons de dire trop de mal de lui, même si ça nous démange.

– Je ne parlais pas sérieusement. Mais enfin, c'est quoi, ces façons de se défiler ? Il se fout de nous ! S'il imaginait que j'allais donner ma fille à un mollasson comme lui, il s'est trompé sur toute la ligne ! »

Mon père avait sans doute besoin de se défouler sur quelqu'un, je n'ai donc pas cherché à le contredire. D'ailleurs, je connaissais à peine le caractère du fiancé de ma sœur. Tout ce que je savais, c'est qu'elle était amoureuse de lui et qu'à son habitude elle s'était investie entièrement dans cet amour.

« Essayons de nous dire que les choses s'arrangent bien, puisque finalement ta fille ne va pas épouser un dégonflé comme lui, ai-je dit.

– Comment peux-tu prétendre que ça s'arrange bien ? En ce moment !

– C'était juste une façon de parler.

– C'est dur, c'est vraiment dur ! »

J'ai senti la voix de mon père vibrer dans son ventre et comme en plus la voiture me donnait mal au cœur, j'ai recommencé de pleurer. Ces derniers temps mes larmes, surtout quand elles étaient causées par des souvenirs, n'avaient presque plus aucun sens. Elles se déclenchaient toutes seules, aussi spontanément que du pipi de moineau. Mon père, le sentant bien, n'a pas fait de commentaire.

Pendant ce temps, cette ville familière où j'avais toujours vécu défilait à une vitesse vertigineuse.

« Maman doit être à bout. Je vais peut-être rester dormir chez vous, ce soir. Comme ça, je pourrai aussi ranger toutes ces affaires.

– Si tu peux, ce serait bien, a dit mon père.

– Bon, je pourrais préparer quelque chose pour le dîner…

– Un pot-au-feu, par exemple. J'ai envie de quelque chose de chaud.

– Alors, allons faire un tour au supermarché ! »

Comme nous échangions ces mots dans la voiture bien chauffée, soudain une chose m'a frappée.

Une fois de plus, je venais de vivre des instants heureux.

Et j'ai pensé que ma sœur nous donnait non seulement l'insupportable, mais encore et surtout des moments infiniment denses. Dans cet univers-là, les bons moments devenaient cent fois meilleurs. Mais si on ne parvenait pas à capter leur éclat, l'insupportable prenait le pas sur tout le reste. Chaque jour était une bataille, qu'on le veuille ou non. Je ne voulais pas affronter, l'esprit embrumé, les dernières heures de la vie de ma sœur.

3
La musique

Quelques jours plus tard, on a débranché la machine de ma sœur. Et nous avons tous constaté sa mort.

D'après ce que j'avais lu dans un livre, son cerveau devait être complètement liquéfié. Mais son visage était resté comme avant. Une fois qu'on l'eut maquillée, elle m'a semblé encore plus vivante. On aurait dit qu'elle s'apprêtait à aller au bureau. J'ai touché le fond de teint qu'elle utilisait avant son accident. Comme elle était très soigneuse, le miroir de son compact était bien nettoyé, de même que l'éponge à maquillage. Dans chacun de ces objets, je sentais sa présence. Nous l'avons habillée avec les vêtements qu'elle aimait, nous avons décoré la chambre de ses fleurs préférées.

Elle était belle quand on l'a mise dans la voiture qui l'emmenait au crématorium.

J'aurais aimé vivre ces moments avec lucidité, mais finalement je les ai traversés l'esprit dans le vague. Comme si mes yeux refusaient de voir ce qui se passait autour de moi. Comme si le monde extérieur flottait dans un rêve. Le crâne pris dans un étau, je me suis bornée à expédier les choses les plus urgentes. Ma mère ne s'est accordé qu'une journée de repos.

Sakai n'a pas osé assister aux derniers moments de ma sœur, mais son frère, lui, est venu. Malgré la gifle que lui a donnée mon père, malgré les pleurs de ma mère, il a accompagné ma sœur jusqu'au bout, il nous a même aidés à préparer les obsèques. En l'occurrence, j'ai trouvé sa ténacité admirable. À sa place, devant tous ces regards réprobateurs, j'aurais sûrement pris la fuite pour rentrer chez mes parents. J'ai eu l'occasion de parler un peu avec lui. Au fond, c'était quelqu'un de bien. Normalement, on aurait dû avoir le temps de mieux se connaître, en se rencontrant souvent. Or, par la force des choses, on n'allait sans doute plus jamais se revoir, alors même qu'on commençait à peine à s'apprécier. C'est curieux, le hasard des rencontres. En tout cas, ma sœur aussi avait dû être heureuse qu'il soit venu. Car l'amour, ç'avait été la grande affaire de sa vie.

Quand mes visites à l'hôpital ont cessé après le décès de ma sœur, je me suis trouvée devant une sorte de vide.

Elle m'avait rapporté de l'étranger un savon Bulgari en forme d'animal, qui semblait inusable. Un jour, en prenant mon bain, je me suis aperçue qu'il n'était plus qu'une petite boule sans le moindre relief, et j'ai éclaté en sanglots.

Le temps filait entre mes doigts.

En fait, il avait toujours filé, mais jusqu'alors je m'en étais rarement aperçue. Je ne pouvais plus retrouver mon insouciance d'autrefois. La moindre chose me blessait au cœur. Depuis quelque temps, je me sentais aussi larguée qu'après un amour déçu.

À présent, je me rendais compte à quel point j'avais envie de revoir ma sœur, de toucher son corps, même inerte. Alors que durant son hospitalisation je ne pensais jamais à elle en utilisant ce savon.

Comme je n'avais rien d'autre à faire qu'à plancher sur mon italien, j'ai beaucoup progressé dans cette langue.

Mon objectif : ce voyage d'études. D'ici là, téléphoner régulièrement à mes parents, pour voir s'ils n'avaient besoin de rien. Être active, afin de trouver un travail gratifiant. Il fallait une énergie considérable pour renouer le fil interrompu de ma vie – ma vie désormais faussée, ou peut-être enrichie, d'une certaine manière. Mes parents n'avaient plus d'autre enfant que moi. Cette pensée était toujours présente à mon esprit.

J'avais revu Sakai le jour de la cérémonie funèbre, et une semaine plus tard, le dimanche en fin d'après-midi. Je ne sais pas pourquoi, mais j'ai toujours pensé que c'était le meilleur moment pour le rencontrer.

Le jour de la cérémonie, alors que je m'affairais à organiser la livraison de repas légers pour les invités, j'ai soudain aperçu Sakai et cela m'a réconfortée. Il était là, dans l'enceinte du temple, intense présence qui n'avait besoin de personne, et dont je n'avais pas à me préoccuper. Le voir ainsi a suffi à me détendre, et je me suis précipitée vers lui le sourire aux lèvres.

« Je peux te voir quand ? m'a-t-il demandé.

– Ne me parle pas de ça, ce n'est vraiment pas le moment ! ai-je répondu en riant.

– Dimanche… Tu as du temps, dimanche ?

– Oui, je crois. »

Et nous nous sommes fixé rendez-vous. Le temple baignait dans la lumière de l'après-midi, l'atmosphère était paisible. « Je vais faire un tour », a-t-il dit, et il est parti vers le cimetière.

Le ciel, d'un bleu pâle mêlé de blanc, avait cette couleur indéfinissable qu'on ne voit qu'à Tôkyô. Les arbres tendaient frileusement leurs branches dénudées, et avec leurs manteaux noirs les gens qui déambulaient entre les tombes faisaient penser à des corbeaux. Je ne sentais pas le froid. J'étais soulagée que Sakai soit là. Il était vivant, cela suffisait à me rassurer. Je n'avais jamais éprouvé rien de tel jusque-là : j'étais comme un moineau qui, de son nid, regarde le ciel. L'insouciance de Sakai, son air un peu louche, son détachement, ses accès de gaieté, son côté irresponsable, tout cela m'importait peu. Dans cet espace qui s'étendait à l'infini, je pouvais me reposer, et c'était la seule chose qui comptait. Notre relation n'irait peut-être pas plus loin. Même avec le temps.

Depuis la mort de ma sœur, je mangeais tous les jours son plat préféré : du riz au curry.

J'ai donc emmené Sakai, tout naturellement, dans un restaurant de curry.

C'était un établissement un peu bizarre, où l'on devait s'asseoir à même le sol pour déguster du curry indien. Par les vitres, les gens nous jetaient des regards curieux au passage. Mais nous étions entièrement concentrés sur notre curry, qui nous faisait transpirer à grosses gouttes.

« Tu vis avec quelqu'un ? ai-je demandé à Sakai.

– Non, pas en ce moment. J'ai des copines, sans plus.

– Tu crois qu'on se retrouvera un jour, comme maintenant ?

– Sans doute, et même assez vite.

– Je n'en sais rien, ce n'est pas encore le bon moment.

– Je serais plutôt dérouté si tu me proposais de sortir avec toi tout de suite.

– Au fait, le jour de la cérémonie, j'ai beaucoup parlé avec ton frère.

– Il n'était pas très brillant, j'imagine ?

– Non, il a pleuré tout le temps.

– Excuse-moi, mais je ne veux pas faire trop de commentaires sur cette histoire, parce que je n'aime pas pontifier à propos de ce que je n'ai pas vécu personnellement. Bien sûr, j'ai déjà vu mourir quelqu'un qui m'était assez proche, mais pas du tout dans des circonstances semblables. Et puis je n'ai pas d'enfants, alors j'ai du mal à saisir comment tes parents et toi vous avez vécu ça, et mon frère aussi, d'ailleurs. Sans parler de Kuni-chan. Pourtant, à travers ce que j'ai ressenti, ou ce que j'ai vu de mes propres yeux, je crois avoir saisi au moins l'essentiel de ce qui s'est passé. J'aimerais pouvoir t'en dire plus là-dessus. Mais les mots ne viennent pas. »

Il avait parlé avec un sérieux inhabituel.

« De toute façon, il n'y a pas beaucoup de gens qui ont fait ce genre d'expérience ! » ai-je dit en riant. Et j'ai ajouté : « Je ne demande à personne de me comprendre. Mais ta gentillesse me touche beaucoup. »

Quand nous sommes sortis du restaurant, le ciel d'hiver était plein d'étoiles.

« Je me souviens du passage d'un livre que j'ai lu il y a longtemps. Il disait que si on entend par hasard une musique magnifique, on l'entendra de nouveau juste avant de mourir. Un après-midi ensoleillé, le héros de ce livre, en se promenant dans les rues, entend soudain sortir d'un magasin de disques une mélodie si belle qu'il s'assied par terre pour l'écouter. Son maître spirituel voit là un message que lui adresse le destin, pour lui signifier que la mort est présente dans les moindres aspects de la vie humaine. Et il lui prédit qu'au moment de sa fin, il entendra de nouveau résonner les sons sublimes de cette même trompette, m'a raconté Sakai.

– Moi aussi, j'ai fait cette expérience-là, ai-je dit.

« Un après-midi d'hiver, je me trouvais dans le restaurant de curry où on vient de manger. J'étais seule et je buvais du thé. Une radio libre spécialisée dans le reggae diffusait sans interruption des morceaux peu connus, que j'entendais pour la première fois. Et soudain, comme un éclair, l'un d'entre eux est entré dans mon crâne.

Un homme et une femme interprétaient une chanson qui parlait des vacances d'été. Les paroles étaient complètement insignifiantes. Mais la mélodie a résonné directement dans ma tête. Qui s'est remplie du soleil de l'été, et pourtant on était en hiver. Alors, j'ai compris. Que je mourrais un après-midi d'été. Je ne sais pas si ça se réalisera, mais j'en ai eu la certitude.

– Oui, je crois que c'est de ça qu'il s'agit.

– Je me demande quel morceau ma sœur a entendu en dernier… »

Un vent froid soufflait par les rues. Nous marchions dans un quartier résidentiel presque désert, à la recherche d'un café. Et j'aurais souhaité que le chemin ne finisse jamais.

« Je n'en sais rien, je me demande plutôt à quel moment elle l'a entendu. Quand elle a perdu conscience ? Quand son cerveau a été lésé ? Au moment de la mort cérébrale ? Ou encore quand on a arrêté l'assistance respiratoire ? »

Il a ajouté : « Pour elle, on ne peut pas le savoir. Mais pour soi-même, chacun le saura bien assez tôt. »

C'était un sujet pénible, mais qui, venant de lui, ne me choquait pas du tout.

Les rangées d'arbres de la rue, noires silhouettes étendant leurs branches dénudées, formaient comme un tunnel. En passant sous leur voûte, j'ai sorti mon walkman.

« J'écoute tout le temps ces deux chansons. Ce sont les dernières que ma sœur a enregistrées sur mini-disque. Peut-être que ça n'a aucun rapport avec ce qu'on vient de dire, mais enfin…

– C'est quoi, ces chansons ?

– *September*, de Earth Wind and Fire, et *L'Automne en voyage*, de Yûmin.

– Quel rapport ? Leur seul point commun, c'est peut-être l'automne…

– C'est sans doute ça. Pour Yûmin, je comprends. Ma sœur était une vraie fan de cette chanteuse. Si tu savais comme elle a tempêté au moment où Yûmin s'est mariée avec le musicien Matsu Tôya !…

– Hmm… C'est bien de sa génération, en tout cas !

– Écoutons cette cassette ensemble, en marchant ! »

Et comme je l'avais fait souvent autrefois avec ma sœur, j'ai passé un des écouteurs à Sakai. Ces deux chansons, choisies par hasard, avaient dû accompagner ma sœur durant son dernier mois de septembre. Si elle vivait encore, elle aurait certainement écouté ce mini-disque dans la voiture, ou modifié son contenu, ou enregistré d'autres morceaux. En septembre, elle avait vécu ses derniers jours sous le ciel haut où flottaient encore les lueurs de l'été. En novembre, elle n'était plus de ce monde.

« Au fait, ça me rappelle que mon frère chante souvent ce morceau dans les karaokés, a dit soudain Sakai.

– *September*, tu veux dire ?

– Oui.

– C'est pas banal ! Mais maintenant, je comprends pourquoi…

– Moi aussi. C'est pour ça qu'elle l'a enregistré.

– Il chante bien ?

– Quand il fait toutes les voix à lui tout seul ? Oui, pas mal, mais il y a de quoi donner la chair de poule !

– Ah bon ?… »

Nous avons marché en chantant. En fredonnant joyeusement : « Te souviens-tu de la nuit du 21 septembre ? » La musique résonnait dans mon oreille, et j'ai vu brusquement le sol se rapprocher, le ciel s'agrandir. Le monde m'a semblé un peu plus beau, des étincelles de lumière balayaient soudain le froid et l'obscurité de la nuit. Mes pieds martelaient la terre, que je sentais vibrer au rythme de mes battements de cœur. Je croyais retrouver ces moments de mon enfance où nous marchions dans les rues, ma sœur et moi. Et avec quelle émotion ! C'était vraiment cette sensation de contact avec la terre qui, en m'ouvrant au monde, m'avait poussée à grandir.

À l'instant où débutait la chanson si mélancolique de Yûmin – cet air que ma sœur, allez savoir pourquoi, aimait par-dessus tout –, Sakai a dit : « L'hiver n'est pas fini, tu es encore sous le coup de ce choc. Mais quand l'été viendra, si je te rejoins en Italie, tu voudras bien me faire découvrir la campagne ?

– Bien sûr !

– Ne me dis quand même pas que la malchance nous poursuit ! On est encore pris dans cette atmosphère pesante, c'est tout. Ça ne sert à rien de bouger pour le moment. Mais c'est juste *pour le moment*, non ?

– Si, je crois. »

La vision de ces tuyaux, le bruit de la machine d'assistance respiratoire, la lumière blessante qui pénétrait par la fenêtre, tout était encore gravé en nous.

« On passera nos journées à se gaver de pâtes, à dévorer les paysages. Et l'après-midi, quand il fera beau, on marchera jusqu'à ce qu'on ne tienne plus debout. Et puis on va boire du bon vin, dormir ensemble. Sous la lumière étouffante de l'été, peut-être qu'on ressentira les choses autrement en regardant par d'autres fenêtres. D'ici là, je ne t'oublierai pas. Notre rencontre s'est faite dans des circonstances bizarres, je ne veux pas que ça s'arrête là. Mais pour le moment, j'ai du mal à y voir clair.

– Je comprends », a-t-il dit en hochant la tête.

La musique résonnait toujours dans nos oreilles. Les étoiles étaient là, dans le ciel d'hiver. Immuables, qu'on les regarde seul ou avec quelqu'un. Il n'y avait que moi qui changeais. Je reconnaissais la constellation d'Orion. Ses trois étoiles étaient déjà là, pareilles au temps où on jouait, ma sœur et moi, à qui les distinguerait la première.

… Et sans doute, comme le disait la chanson, l'automne de cette année, s'enfuyant à jamais, allait-il se faufiler ce soir même entre les arbres dénudés, pour disparaître dans le lointain. Alors viendrait bravement, avec son lot de cruautés, un nouvel hiver encore imprévisible.

Rivages poche / Bibliothèque étrangère

Harold Acton	*Pivoines et Poneys* (n° 73)
Sholem Aleikhem	*Menahem-Mendl le rêveur* (n° 84)
Kingsley Amis	*La Moustache du biographe* (n° 289) *Sur la fin* (n° 404)
Jessica Anderson	*Tirra Lirra* (n° 194)
Reinaldo Arenas	*Le Portier* (n° 26)
Beryl Bainbridge	*Georgie* (n° 367)
James Baldwin	*La Chambre de Giovanni* (n° 256)
Melissa Bank	*Manuel de chasse et de pêche à l'usage des filles* (n° 326)
Quentin Bell	*Le Dossier Brandon* (n° 102)
Stefano Benni	*Baol* (n° 179)
Ambrose Bierce	*Le Dictionnaire du Diable* (n° 11) *Contes noirs* (n° 59) *En plein cœur de la vie,* vol. I (n° 79) *En plein cœur de la vie,* vol. II (n° 100) *De telles choses sont-elles possibles ?* (n° 130) *Fables fantastiques* (n° 170) *Le Moine et la fille du bourreau* (n° 206)
Elizabeth Bowen	*Dernier Automne* (n° 265) *Eva Trout* (n° 358) *L'Adultère* (n° 376)
Paul Bowles	*Le Scorpion* (n° 3) *L'Écho* (n° 23) *Un thé sur la montagne* (n° 30)
M. E. Braddon	*Le Secret de lady Audley* (n° 340)
Emily Brontë	*Les Hauts de Hurle-Vent* (n° 95)
Louis Buss	*Le Luxe de l'exil* (n° 327)
Robert O. Butler	*Un doux parfum d'exil* (n° 197) *Étrange Murmure* (n° 270) *La Nuit close de Saigon* (n° 296) *La Fille d'Hô Chi Minh-Ville* (n° 339)
Calamity Jane	*Lettres à sa fille* (n° 232)

Peter Cameron	*Week-end* (n° 245) *Année bissextile* (n° 303)
Ethan Canin	*L'Empereur de l'air* (n° 109) *Blue River* (n° 157)
Truman Capote	*Un été indien* (n° 9)
Willa Cather	*Mon ennemi mortel* (n° 74) *Une dame perdue* (n° 101) *Destins obscurs* (n° 117) *La Mort et l'Archevêque* (n° 144) *Mon Ántonia* (n° 159) *La Maison du professeur* (n° 217) *L'Un des nôtres* (n° 285) *Des ombres sur le rocher* (n° 337)
Daniel Chavarría	*Madrid cette année-là* (n° 341)
G. C. Chelli	*L'Héritage Ferramonti* (n° 290)
Rafael Chirbes	*Tableau de chasse* (n° 316)
Fausta Cialente	*Les Quatre Filles Wieselberger* (n° 10)
Barbara Comyns	*Les Infortunes d'Alice* (n° 94)
Joseph Conrad	*Le Duel* (n° 106)
Lettice Cooper	*Une journée avec Rhoda* (n° 137) *Fenny* (n° 264)
G. Culicchia	*Patatras* (n° 227) *Paso Doble* (n° 309)
Silvio D'Arzo	*Maison des autres* (n° 78)
Robertson Davies	*L'Objet du scandale* (n° 234) *Le Manticore* (n° 260) *Le Monde des Merveilles* (n° 280)
A. Davis-Gardner	*Un refuge en ce monde* (n° 118) *Felice* (n° 203)
Andrea De Carlo	*Oiseaux de cage et de volière* (n° 178)
Walter de la Mare	*L'Amandier* (n° 108) *Du fond de l'abîme* (n° 141) *À première vue* (n° 219)
D. Del Giudice	*Le Stade de Wimbledon* (n° 209)
Erri De Luca	*Une fois, un jour* (n° 119) *Acide, Arc-en-ciel* (n° 201) *En haut à gauche* (n° 251) *Tu, mio* (n° 315)

Alfred Döblin	*L'Assassinat d'une renoncule* (n° 25)
H. von Doderer	*Un meurtre que tout le monde commet* (n° 14)
Michael Dorris	*Un radeau jaune sur l'eau bleue* (n° 121)
Karen Duve	*Déluge* (n° 405)
J. M. Falkner	*Le Stradivarius perdu* (n° 153)
Sergio Ferrero	*Le Jeu sur le pont* (n° 370)
	Dans l'ombre (n° 410)
Eva Figes	*Lumière* (n° 5)
Ronald Firbank	*La Fleur foulée aux pieds* (n° 304)
	Les Excentricités du cardinal Pirelli (n° 305)
Richard Ford	*Rock Springs* (n° 220)
Janet Frame	*Les hiboux pleurent vraiment* (n° 375)
Mavis Gallant	*Les Quatre Saisons* (n° 82)
	Voyageurs en souffrance (n° 175)
	L'Été d'un célibataire (n° 205)
	Chroniques de Mai 68 (n° 246)
Jane Gardam	*La Dame aux cymbales* (n° 276)
William Gass	*Au cœur du cœur de ce pays* (n° 146)
Kaye Gibbons	*Ellen Foster* (n° 4)
	Une femme vertueuse (n° 31)
Barry Gifford	*Les Vies parallèles de Jack Kerouac* (n° 81)
	Paysage avec voyageur (n° 133)
Lars Gustafsson	*Musique funèbre* (n° 135)
Thomas Hardy	*Les Yeux bleus* (n° 371)
MacDonald Harris	*La Valise de Hemingway* (n° 149)
Robert Hellenga	*Les Seize Voluptés* (n° 415)
C. Isherwood	*Le Condor* (n° 28)
	Octobre (n° 284)
Henry James	*Mémoires d'un jeune garçon* (n° 27)
	Owen Wingrave (n° 36)
	Le Dernier des Valerii (n° 62)
	Un épisode international (n° 97)
	Carnet de famille (n° 292)
	La Tour d'ivoire (n° 355)
Diane Johnson	*Nuits persanes* (n° 185)
Elizabeth Jolley	*L'Héritage de Miss Peabody* (n° 87)
	Tombé du ciel (n° 131)
	Foxybaby (n° 161)
	Le Puits (n° 282)

Francis King	*La Maison des ténèbres* (n° 349)
B. Kingsolver	*L'Arbre aux haricots* (n° 224)
	Les Cochons au paradis (n° 242)
	Les Yeux dans les arbres (n° 331)
Rudyard Kipling	*Le Miracle de saint Jubanus* (n° 85)
B. Kirshenbaum	*Poésie, sexe et mélancolie* (n° 422)
Fatos Kongoli	*Le Paumé* (n° 271)
	L'Ombre de l'autre (n° 301)
	Le Dragon d'ivoire (n° 366)
Mirko Kovăc	*La Vie de Malvina Trifković* (n° 111)
Gavin Lambert	*Le Crime de Hannah Kingdom* (n° 104)
Wendy Law-Yone	*Tango birman* (n° 342)
Ella Leffland	*Rose Munck* (n° 134)
David Lodge	*Jeu de société* (n° 44)
	Changement de décor (n° 54)
	Un tout petit monde (n° 69)
	La Chute du British Museum (n° 93)
	Nouvelles du Paradis (n° 124)
	Jeux de maux (n° 154)
	Hors de l'abri (n° 189)
	L'homme qui ne voulait plus se lever (n° 212)
	Thérapie (n° 240)
	Les Quatre Vérités (n° 362)
Rosetta Loy	*Les Routes de poussière* (n° 164)
	Un chocolat chez Hanselmann (n° 255)
	Madame Della Seta aussi est juive (n° 318)
	La Porte de l'eau (n° 399)
Alison Lurie	*Les Amours d'Emily Turner* (n° 7)
	La Ville de nulle part (n° 21)
	La Vérité sur Lorin Jones (n° 32)
	Des gens comme les autres (n° 38)
	Conflits de famille (n° 46)
	Des amis imaginaires (n° 71)
	Comme des enfants (n° 107)
	Femmes et Fantômes (n° 182)
	Liaisons étrangères (n° 207)
	Ne le dites pas aux grands (n° 279)
	Un été à Key West (n° 300)
Norman Maclean	*Montana, 1919* (n° 140)
	La Rivière du sixième jour (n° 213)
	La Part du feu (n° 243)

Norman Mailer *Les vrais durs ne dansent pas* (n° 177)
Javier Marías *L'Homme sentimental* (n° 24)
Le Roman d'Oxford (n° 114)
Un cœur si blanc (n° 186)
Ce que dit le majordome (n° 237)
Demain dans la bataille pense à moi (n° 253)
Quand j'étais mortel (n° 295)
Olga Masters *Le Cœur labyrinthe* (n° 115)
Jay McInerney *Toute ma vie* (n° 229)
Steven Millhauser *La Galerie des jeux* (n° 37)
V. Molina Foix *La Femme sans tête* (n° 377)
Rick Moody *Purple America* (n° 374)
Lorrie Moore *Des histoires pour rien* (n° 8)
Vies cruelles (n° 61)
Anagrammes (n° 91)
Que vont devenir les grenouilles ? (n° 236)
Déroutes (n° 411)
Frank Moorhouse *Quarante/Dix-sept* (n° 112)
Guido Morselli *Dissipatio* (n° 173)
John Mortimer *Félix aux enfers* (n° 363)
Alice Munro *Les Lunes de Jupiter* (n° 147)
Amie de ma jeunesse (n° 198)
Secrets de Polichinelle (n° 328)
L'Amour d'une honnête femme (n° 416)
Vladimir Nabokov *L'Enchanteur* (n° 215)
Roger Nimier *Les Indes Galandes* (n° 64)
Whitney Otto *Le Jour du patchwork* (n° 184)
Cynthia Ozick *Le Rabbi païen* (n° 29)
Grace Paley *Les Petits Riens de la vie* (n° 1)
Plus tard le même jour (n° 13)
Énorme changement de dernière minute (n° 163)
Victor Paskov *Ballade pour Georg Henig* (n° 33)
Pier Paolo Pasolini *Descriptions de descriptions* (n° 168)
Walker Percy *Le Cinéphile* (n° 18)
L'Amour parmi les ruines (n° 88)
Les Signes de l'apocalypse (n° 172)
Annie Proulx *Nœuds et dénouement* (n° 267)
Cartes postales (n° 332)
Les Pieds dans la boue (n° 406)

Barbara Pym	*Adam et Cassandra* (n° 15)
	Secret, très secret (n° 35)
	Lorsqu'un matin d'orage (n° 47)
Elisabetta Rasy	*La Première Extase* (n° 228)
Simon Raven	*Les Mauvaises Fréquentations* (n° 324)
	Les riches payent tard (n° 350)
Laura Restrepo	*Douce Compagnie* (n° 293)
Bernice Rubens	*Le Visiteur nocturne* (n° 329)
Umberto Saba	*Couleur du temps* (n° 6)
	Comme un vieillard qui rêve (n° 17)
Lisa Saint-Aubin de Terán	*Les Jours de l'Orénoque* (n° 90)
John Saul	*Baraka* (n° 142)
	De si bons Américains (n° 183)
	Mort d'un général (n° 216)
	Paradis Blues (n° 338)
Karel Schoeman	*En étrange pays* (n° 249)
Budd Schulberg	*Un homme dans la foule* (n° 76)
	Le Désenchanté (n° 77)
	Le Visage de Hollywood (n° 156)
Carl Seelig	*Promenades avec Robert Walser* (n° 65)
Jane Shapiro	*Le Mari dangereux* (n° 389)
Carol Shields	*Swann* (n° 126)
	La République de l'amour (n° 160)
Jane Smiley	*Portraits d'après nature* (n° 148)
	L'Exploitation (n° 199)
	Un appartement à New York (n° 218)
	Moo (n° 277)
	Chagrins (n° 308)
	Le Paradis des chevaux (n° 427)
Natsumé Sôseki	*Oreiller d'herbes* (n° 2)
	Clair-obscur (n° 22)
	Le Voyageur (n° 122)
	Le 210e jour (n° 286)
	À travers la vitre (n° 359)
Muriel Spark	*La Porte Mandelbaum* (n° 319)
Elizabeth Spencer	*Nouvelles du Sud* (n° 188)
Tilman Spengler	*Le Cerveau de Lénine* (n° 151)

R. L. Stevenson	*Fables* (n° 20) *La Magicienne* (n° 34) *Olalla* (n° 56)
W. Stockenström	*Le Baobab* (n° 323)
Italo Svevo	*Le Destin des souvenirs* (n° 12)
Paco I. Taibo II	*Le Rendez-vous des héros* (n° 204)
Elizabeth Taylor	*Angel* (n° 41) *Mrs. Palfrey, Hôtel Claremont* (n° 67) *Cher Edmund* (n° 98) *Noces de faïence* (n° 125) *Une saison d'été* (n° 155) *La Bonté même* (n° 190) *Le Papier tue-mouches* (n° 250) *Une partie de cache-cache* (n° 273) *Le Cœur lourd* (n° 307) *Vue sur le port* (n° 373)
J. Turner Hospital	*L'Opale du désert* (n° 398)
Gore Vidal	*Un garçon près de la rivière* (n° 269) *Myra Breckinridge et Myron* (n° 383)
Alberto Vigevani	*Le Tablier rouge* (n° 136) *Un été au bord du lac* (n° 195)
Evelyn Waugh	*Trois nouvelles* (n° 138)
Fay Weldon	*Copies conformes* (n° 128)
Paul West	*Le Médecin de Lord Byron* (n° 50)
Rebecca West	*Femmes d'affaires* (n° 167)
Thomas Wharton	*Le Champ de glace* (n° 372)
Joy Williams	*Dérapages* (n° 120)
Tim Winton	*Cet œil, le ciel* (n° 225) *La Femme égarée* (n° 262)
Virginia Woolf	*La Vie de Roger Fry* (n° 397)
Banana Yoshimoto	*N.P* (n° 274) *Lézard* (n° 354) *Dur, dur* (n° 428)
E. Zamiatine	*Seul* (n° 16) *Le Pêcheur d'hommes* (n° 19)
Chiara Zocchi	*Olga* (n° 423)

Rivages poche /Petite Bibliothèque
Collection dirigée par Lidia Breda

L'Art de ne croire en rien (n° 392)
Sefer Yesirah ou Le livre de la Création (n° 387)

Giorgio Agamben	*Stanze* (n° 257)
	Moyens sans fins (n° 380)
	Ce qui reste d'Auschwitz (n° 390)
	L'Ombre de l'amour (n° 434)
Günther Anders	*Nous, fils d'Eichmann* (n° 426)
Apulée	*Le Démon de Socrate* (n° 110)
Hannah Arendt	*Considérations morales* (n° 181)
	Le Concept d'amour chez Augustin (n° 288)
	Qu'est-ce que la philosophie de l'existence ? (n° 40
L'Arétin	*Sonnets luxurieux* (n° 192)
Aristote	*L'Homme de génie et la Mélancolie* (n° 39)
	Rhétorique-Des passions (n° 40)
	Éthique à Eudème (n° 129)
	La Vérité des songes (n° 162)
W. H. Auden	*Shorts* (n° 407)
Marc Augé	*L'Impossible Voyage* (n° 214)
	Les Formes de l'oubli (n° 333)
Augustin	*La Vie heureuse* (n° 261)
	Le Bonheur conjugal (n° 347)
Francis Bacon	*Sur le prolongement de la vie et les moyens de mourir* (n° 401)
Barbey d'Aurevilly	*Du dandysme et de George Brummell* (n° 233)
Bruce Benderson	*Pour un nouvel art dégénéré* (n° 259)
	Sexe et solitude (n° 335)
Walter Benjamin	*Je déballe ma bibliothèque* (n° 320)
Boèce	*Consolation de la Philosophie* (n° 58)
Georg Büchner	*Lenz* (n° 244)
Buffon	*Discours sur la nature des animaux* (n° 424)

Casanova	*Mon apprentissage à Paris* (n° 252)
Patrizia Cavalli	*Toujours ouvert théâtre* (n° 379)
Mme du Châtelet	*Discours sur le bonheur* (n° 221)
Malek Chebel	*Du désir* (n° 414)
Chesterfield	*Lettres à son fils* (n° 99)
Christine de Suède	*Maximes* (n° 200)
Claude Crébillon	*Lettres de la Marquise de M*** au Comte de R**** (n° 322)
Tullia d'Aragona	*De l'infinité d'amour* (n° 210)
Thérèse d'Avila	*Le Château intérieur* (n° 248)
Charles Darwin	*L'Expression des émotions chez l'homme et les animaux* (n° 351)
Mme du Deffand	*Lettres à Voltaire* (n° 139)
Erri De Luca	*Un nuage comme tapis* (n° 176) *Rez-de-chaussée* (n° 191) *Alzaia* (n° 382)
Alfred Döblin	*Sur la musique* (n° 386)
John Donne	*Méditations en temps de crise* (n° 365)
Maître Eckhart	*Du détachement* (n° 143) *Conseils spirituels* (n° 408)
Umberto Eco - Cardinal Martini	*Croire en quoi ?* (n° 238)
R. W. Emerson	*La Confiance en soi* (n° 302)
Épictète	*Manuel* (n° 132)
Euripide - Sénèque	*Médée* (n° 211)
Ennio Flaiano	*Journal des erreurs* (n° 275)
Charles Fourier	*Des harmonies polygames en amour* (n° 417)
S. Freud - S. Zweig	*Correspondance* (n° 166)
H. G. Gadamer	*L'Héritage de l'Europe* (n° 429)
Goethe	*Maximes et réflexions* (n° 343)
W. Gombrowicz	*Cours de philosophie en six heures un quart* (n° 171)
Baltasar Gracián	*L'Art de la prudence* (n° 116)
Hésiode	*Théogonie- La naissance des dieux* (n° 83)

Hippocrate	*Sur le rire et la folie* (n° 49) *Airs, eaux, lieux* (n° 174)
H. von Hofmannsthal	*Lettre de Lord Chandos* (n° 312) *Chemins et rencontres* (n° 396)
F. Hölderlin	*Poèmes* (1806-1843) (n° 352)
Horace	*Vivre à la campagne* (n° 344)
Jahiz	*Éphèbes et courtisanes* (n° 231)
Jean	*Apocalypse* (n° 165) *Évangile* (n° 321)
Jean Chrysostome	*De l'incompréhensibilité de Dieu* (n° 317)
Jean Paul	*Être là dans l'existence* (n° 239)
Hans Jonas	*Le Concept de Dieu après Auschwitz* (n° 123) *Le Droit de mourir* (n° 196) *Pour une éthique du futur* (n° 235)
Franz Kafka	*Réflexions sur le péché, la souffrance, l'espérance et le vrai chemin* (n° 334)
Stephen Karcher	*Yi king* (n° 247)
S. Kierkegaard	*Johannes Climacus ou Il faut douter de tout* (n° 22 *Crainte et tremblement* (n° 291)
P. Klossowski	*La Monnaie vivante* (n° 230)
Karl Kraus	*La Littérature démolie* (n° 92) *Cette grande époque* (n° 294)
Mme de Lambert	*De l'amitié* (n° 268)
François de La Rochefoucauld	*Maximes et mémoires* (n° 345)
S. J. Lec	*Nouvelles pensées échevelées* (n° 306)
J. M. R. Lenz	*Cours philosophiques pour âmes sentimentales* (n° 32
G. Leopardi	*Philosophie pratique* (n° 258)
E. Levinas	*Quelques réflexions sur la philosophie de l'hitlérisme* (n° 226) *Éthique comme philosophie première* (n° 254)
G. C. Lichtenberg	*Pensées* (n° 283)
Lie Zi	*Du vide parfait* (n° 263)
Prince de Ligne	*Pensées, portraits et lettres* (n° 381)
Longin	*Du sublime* (n° 105)
Adolf Loos	*Ornement et crime* (n° 412)
Lucien	*Philosophes à vendre* (n° 72)
A. Machado	*De l'essentielle hétérogénéité de l'être* (n° 391)

Gabriel Matzneff	*De la rupture* (n° 298)
F.-A. Paradis de Moncrif	
	Essais sur la nécessité et sur les moyens de plaire (n° 364)
Montaigne	*De la vanité* (n° 63)
	L'Art de conférer (n° 330)
Montesquieu	*Essai sur le goût* (n° 96)
André Morellet	*De la Conversation* (n° 169)
F. Nietzsche	*Dernières lettres* (n° 70)
	Ainsi parla Zarathoustra (n° 394)
D. Noguez	*Les Plaisirs de la vie* (n° 353)
Ortega y Gasset	*Le Spectateur* (n° 80)
Ovide	*Amours* (n° 202)
Martin Palmer	*Le Taoïsme* (n° 222)
Pascal	*Pensées sur la politique* (n° 75)
	L'Art de persuader (n° 330)
Fernando Pessoa	*Fragments d'un voyage immobile* (n° 42)
	Lettres à la fiancée (n° 43)
Pétrarque	*Mon secret* (n° 52)
	La Vie solitaire (n° 266)
	Contre la bonne et la mauvaise fortune (n° 360)
Enea Silvio Piccolomini (Pape Pie II)	
	Lettre à Mahomet II (n° 393)
Plutarque	*Comment tirer profit de ses ennemis* (n° 103)
	Comment écouter (n° 150)
	La Sérénité intérieure (n° 336)
	Manger la chair (n° 395)
Karl R. Popper	*Des sources de la connaissance et de l'ignorance* (n° 241)
Félix Ravaisson	*De l'habitude* (n° 208)
Jacques-Antoine de Réveroni Saint-Cyr	
	Pauliska ou *La Perversité moderne* (n° 361)
R. M. Rilke	*Journal de Westerwede et de Paris,* 1902 (n° 409)
Lalla Romano	*J'ai rêvé de l'Hôpital* (n° 272)
Rosvita	*Résurrection de Drusiane et de Calimaque* (n° 378)
J.-J. Rousseau	*Émile et Sophie* (n° 127)
R. Sánchez Ferlosio	*Nous aurons encore de mauvais moments* (n° 287)

Pierre Sansot	*Du bon usage de la lenteur* (n° 313)
	Chemins aux vents (n° 388)
Fernando Savater	*Pour l'éducation* (n° 314)
K. G. Schelle	*L'Art de se promener* (n° 187)
Arthur Schnitzler	*Lettres aux amis* (n° 45)
	Relations et solitudes (n° 51)
	La Transparence impossible (n° 68)
G. Scholem	*Benjamin et son ange* (n° 158)
Schopenhauer	*Douleurs du monde* (n° 57)
	Essai sur le libre arbitre (n° 66)
	Contre la philosophie universitaire (n° 113)
C. M. Schulz	*La vie est un rêve, Charlie Brown* (n° 368)
	Lucy psychiatre (n° 369)
	Courage, Charlie Brown (n° 402)
	Il est temps de changer, Charlie Brown (n° 403)
	Il était une fois Charlie Brown (n° 430)
	On va y arriver Charlie Brown (n° 431)
Sénèque	*De la tranquillité de l'âme* (n° 48)
	De la brièveté de la vie (n° 53)
	Consolations (n° 60)
Georg Simmel	*Philosophie de l'amour* (n° 55)
	La Tragédie de la culture (n° 86)
	Michel-Ange et Rodin (n° 180)
Peter Sloterdijk	*Dans le même bateau* (n° 420)
Mme de Staël	*De l'influence des passions* (n° 299)
Italo Svevo	*Dernières cigarettes* (n° 311)
Jonathan Swift	*La Bataille des livres et autres essais* (n° 419)
Jacob Taubes	*En divergent accord* (n° 425)
Chantal Thomas	*Comment supporter sa liberté* (n° 297)
	Sade, la dissertation et l'orgie (n° 384)
F. de Towarnicki	*Martin Heidegger* (n° 385)
M. Tsvétaïéva	*Après la Russie* (n° 89)
J. Van de Wetering	*Un éclair d'éternité* (n° 278)
	Le Miroir vide (n° 310)
	L'Après-zen (n° 421)
Oscar Wilde	*La Vérité des masques* (n° 346)
Xénophon	*L'Économique* (n° 145)
J.-G. Ymbert	*L'Art de faire des dettes* (n° 193)

Yogīndu *Lumière de l'Absolu* (n° 281)

Federico Zeri *Renaissance et pseudo-Renaissance* (n° 356)
Le Mythe visuel de l'Italie (n° 357)

Stefan Zweig / Arthur Schnitzler
Correspondance (n° 348)

Achevé d'imprimer sur rotative
par l'Imprimerie Darantiere à Dijon-Quetigny
en avril 2003

Dépôt légal : avril 2003
N° d'impression : 23-0514

Imprimé en France